The Mark of Zorro

New Collection
5

고등학교 영어로 다시 읽는 세계명작

쾌걸 조로

Johnston McCulley 원작
넥서스콘텐츠개발팀 엮음

넥서스

고등학교 열어로 다시 읽는 세계명작
New Collection 15
쾌걸 조로

원 작 Johnston McCulley
엮은이 넥서스콘텐츠개발팀
펴낸이 안용백
펴낸곳 (주)넥서스

초판 1쇄 인쇄 2013년 6월 25일
초판 1쇄 발행 2013년 6월 30일

출판신고 1992년 4월 3일 제311-2002-2호
121-840 서울시 마포구 서교동 394-2
Tel (02)330-5500 Fax (02)330-5555

ISBN 978-89-6790-280-3 14740
      978-89-5797-462-9 14740 (세트)

저자와 출판사의 허락 없이 내용의 일부를
인용하거나 발췌하는 것을 금합니다.

가격은 뒤표지에 있습니다.
잘못 만들어진 책은 구입처에서 바꾸어 드립니다.

www.nexusbook.com

머리말

어릴 적 즐겨 읽었던 『이상한 나라의 앨리스』나 『작은 아씨들』을 이제 영어로 만나 보세요. 지난날 우리들을 설레게 했던 명작들을 영어로 읽어봄으로써, 우리말로는 느끼지 못했던 또 다른 재미와 감동을 느낄 수 있습니다. 또한 친숙한 이야기를 영어로 바꿔 읽는 것은 그 어느 학습 자료보다도 효과적입니다. 자신이 알고 있는 이야기를 떠올리며 앞으로 전개될 내용을 상상하며 읽어 나가면, 낯선 내용을 읽을 때만큼 어렵거나 부담스럽지 않기 때문입니다.

『중학교·고등학교 영어로 다시 읽는 세계명작 시리즈 New Collection』은 기존에 나와 있는 명작 시리즈와는 달리, 소설책을 읽듯 추억과 감동에 빠져들 수 있도록 원서의 느낌을 최대한 살렸습니다. 또한, 영한 대역 스타일을 탈피하여 우리말 번역을 권말에 배치함으로써 독자 여러분이 스스로 이야기를 이해하는 연습을 할 수 있도록 하였습니다. 더불어 원어민 성우들이 정확한 발음과 풍부한 감성으로 녹음한 MP3 파일은 눈과 귀로 벅찬 감동을 동시에 경험하며, 최대의 학습 효과를 얻을 수 있도록 제작되었습니다.

'순수하고 가슴 뭉클한 그 무엇'이 절실한 요즘, 주옥같은 세계명작을 다시금 읽으며 잠시나마 마음의 여유를 갖고 영어소설이 주는 감동에 빠져 보세요.

넥서스콘텐츠개발팀

이　시 리 즈 의　특　징

1 읽기 쉬운 영어로 Rewriting
한국인이 가장 좋아하는 세계명작만을 엄선하여, 원문을 최대한 살리면서 중고등학교 수준의 쉬운 영어로 각색하였다. 『중학교 영어로 다시 읽는 세계명작 시리즈 New Collection』은 1,000단어, 『고등학교 영어로 다시 읽는 세계명작 시리즈 New Collection』은 2,000단어 수준으로 각색하고, 어려운 어휘는 별도로 설명하여 사전 없이도 읽을 수 있다.

2 학습 효과를 배가시키는 Summary
각 STORY 및 SCENE이 시작될 때마다 우리말 요약을 제시하여 내용을 추측하면서 읽을 수 있기 때문에, 원서의 부담을 덜면서 더 큰 학습 효과를 얻을 수 있다.

3 학습용 MP3 파일
전문 원어민 성우들의 실감나는 연기가 담긴 MP3 파일을 들으면서, 읽기와 함께 듣기 및 말하기까지 연습할 수 있다.

4 독자를 고려한 최적의 디자인
한 손에 쏙 들어오는 판형, 읽기 편한 서체와 크기 등 독자가 언제 어디서나 오랜 시간 즐겁게 읽을 수 있도록 최상의 편집 체제와 세련된 디자인으로 가독성을 높였다.

추 천 리 딩 가 이 드

step 1 **청해** 들으면서 의미 추측하기
책을 읽기에 앞서 MP3 파일을 들으며 이야기의 내용을 추측해 본다.

step 2 **속독** 빨리 읽으면서 의미 추측하기
STORY 및 SCENE의 영문 제목과 우리말 요약을 읽은 다음, 본문을 읽으면서 혼자 힘으로 뜻을 파악해 본다. 모르는 단어나 문장이 나와도 멈추지 말고 전체적인 흐름을 파악하는 데 주력한다.

step 3 **정독** 정확히 읽으면서 의미 파악하기
어구 풀이와 권말 번역을 참고하면서 정확한 의미를 파악한다.

step 4 **낭독** 소리 내어 읽으면서 소리와 친해지기
단어와 단어가 연결될 때 나타나는 발음 현상과 속도 등에 유의하면서 큰 소리로 또박또박 읽어 본다.

step 5 **섀도잉** 따라 말하면서 회화 연습하기
MP3 파일을 들으며 원어민의 말을 한 박자 늦게 돌림노래 부르듯 따라 말하면서, 속도감과 발음 등 회화에 효과적인 훈련을 한다.

이 시리즈의 구성

우리말 Summary

이야기를 읽기 전에 내용을 짐작해 봄으로써, 편안한 마음으로 읽을 수 있도록 우리말 요약문을 제시하였다. 이를 힌트 삼아 보다 효과적인 내용 이해가 가능할 것이다.

영문

부담스러워 보이지 않고 편안하게 술술 읽히도록 서체와 크기, 간격 등을 최적의 체제로 편집하였다.

어구 풀이

이야기를 이해하는 데 도움이 되도록 어려운 어구를 순서대로 정리하였다. 이야기에 사용되는 의미를 우선순위로 하였으나, 2차적 의미가 중요하거나 불규칙 활용을 하는 경우도 함께 다뤄주어, 보다 풍부한 어구 학습이 되도록 배려하였다.

우리말 번역

문장 구성과 어구의 쓰임을 효율적으로 학습할 수 있도록 직역을 기본으로 하여 번역하였다. 가능하면 번역에 의존하지 말고 영문과 어구만으로 이야기를 이해하도록 하며, 번역은 참고만 하도록 한다.

페이지 표시

영문을 읽다가 해결되지 않는 부분이 있을 때 그에 대응하는 번역 부분을 손쉽게 찾을 수 있도록 해당 영문 페이지의 번호를 표시해 놓았다.

MP3 파일
www.nexusbook.com에서 다운로드

전문 원어민 성우들의 생생한 연기를 귀로 들으며, 바로 옆에서 누군가가 동화책을 읽어주는 것처럼 더욱 흥미롭고 효과적으로 학습할 수 있다.

저자 소개

존스턴 맥컬리(1883~1958)는 미국 일리노이 주 오타와 출신으로 타블로이드 신문인 '폴리스 가제트'의 기자로 사회활동을 시작했으나 곧 작가로 등단하여 1907년부터 잡지에 첫 소설 「잃어버린 희망의 땅(The Land of Lost Hope)」을 연재했다.

제1차 세계대전이 끝난 후 1919년에는 「카피스트라노의 재앙(The Curse of Capistrano)」이라는 5부작 모험소설을 발표했는데, 이때 그의 소설 속 대표적 등장인물 '조로'가 탄생했다. 1920년에 이 소설이 '조로의 표식(The Mark of Zorro)'이라는 영화로 제작되었다. 영화가 큰 인기를 끌면서 1924년에는 영화와 같은 제목의 책이 정식 출간되어 이 작품은 다시 한 번 인기몰이를 했다. 이러한 성공에 힘입어 맥컬리는 극작가와 영화 시나리오 작가로까지 활동 범위를 넓혔으며 작품의 장르도 범죄 스릴러물에서부터 서부극까지 다양해졌다.

하지만 조로의 인기를 능가하는 인물을 창조하지 못하자 맥컬리는 조로 이야기에 더 힘을 기울여 전 생애에 걸쳐 총 65편의 조로 이야기를 발표했다. 그의 주요 작품으로는 「검은 별(The Black Star)」, 「더 배트(The Bat)」, 「더 스파이더(The Spider)」, 「크림슨 클라운(The Crimson Clown)」, 「그린 고스트(The Green Ghost)」, 「선더볼트(The Thunderbolt)」 등이 있다. 맥컬리의 사후인 1959년에는 「조로의 가면(The Mask of Zorro)」이 유작으로 발표되었다.

작품 소개

'조로'라는 인물은 19세기 초 미국 캘리포니아 주를 배경으로 탄생했다. 당시 캘리포니아 주는 스페인의 식민지였고 캘리포니아 농민들은 지주들과 결탁한 총독의 폭정과 수탈로 고통을 받고 있었다.

스페인 출신 귀족 돈 알레한드로의 아들인 돈 디에고는 지배층이 원주민들을 착취하고 괴롭히는 것을 보고 정의감이 발동하게 된다. 그는 고민 끝에 검은 복면을 써서 자신의 정체를 숨기고 지배층의 억압에 항거하는 인물이 된다.

조로는 권력을 이용해 민중을 착취하는 총독 일파의 앞잡이인 군 사령관에게 승리를 거두고 몰락한 귀족 출신의 사랑하는 여인도 쟁취하여 성공한 영웅의 전형적인 모습을 보여 준다.

이 소설은 정의가 악을 이긴다는 평범한 설정에도 불구하고 '복면을 쓴 정체불명의 검객'이라는 이미지를 지닌 주인공이 큰 인기를 끌면서 대중의 마음을 사로잡았다. 여기에 롤리타라는 아름다운 여주인공과의 로맨스도 적절하게 가미되어 재미를 더해 주었다.

검은 복면과 망토와 함께 원래 스페인어로 '여우'를 의미하는 '조로'라는 이름은 날렵하고 영리한 주인공의 이미지와 잘 어울렸다. 또한 알파벳 Z라는 표식을 남겨 자신의 존재감을 드러낸다는 점도 매력적인 요소였다.

Contents

Chapter 01	**Pedro, the Boaster** 허풍쟁이 페드로	14
Chapter 02	**On the Heels of the Storm** 폭풍의 뒤를 바짝 쫓아서	20
Chapter 03	**Zorro Pays a Visit** 조로, 방문하다	28
Chapter 04	**Swords Clash and Pedro Explains** 검 싸움과 페드로의 해명	33
Chapter 05	**A Visit in the Morning** 아침의 방문	43
Chapter 06	**Don Diego Seeks a Bride** 돈 디에고, 신부를 구하다	49
Chapter 07	**A Different Sort of Man** 다른 부류의 남자	57
Chapter 08	**Don Carlos Plays a Game** 돈 카를로스, 수작을 부리다	65
Chapter 09	**The Clash of Blades** 부딪치는 검날	75
Chapter 10	**A Hint of Jealousy** 질투의 흔적	84
Chapter 11	**Three Suitors** 세 명의 구혼자	92
Chapter 12	**A Visit** 방문	101

Chapter 13	Love Comes Swiftly 사랑이 빠르게 다가오다	110
Chapter 14	Captain Ramon Writes a Letter 라몬 대장, 편지를 쓰다	121
Chapter 15	At the Base 기지에서	127
Chapter 16	The Chase That Failed 실패한 추격	137
Chapter 17	Sergeant Gonzales Meets a Friend 곤잘레스 상사, 친구를 만나다	143
Chapter 18	Don Diego Returns 돈 디에고, 돌아오다	150
Chapter 19	Captain Ramon Apologizes 라몬 대장, 사과하다	155
Chapter 20	Don Diego Shows Interest 돈 디에고, 관심을 보이다	163
Chapter 21	The Whipping 채찍질	168
Chapter 22	Swift Punishment 신속한 응징	175
Chapter 23	More Punishment 추가 응징	182
Chapter 24	At the Hacienda of Don Alejandro 돈 알레한드로의 농장에서	189

Chapter 25	A League Is Formed 동맹이 결성되다	200
Chapter 26	An Understanding 이해	205
Chapter 27	Orders for Arrest 체포 명령	213
Chapter 28	The Outrage 격노	218
Chapter 29	Don Diego Visits the Governor 돈 디에고, 총독을 방문하다	225
Chapter 30	The Sign of Fox 여우의 증표	231
Chapter 31	The Rescue 구출	236
Chapter 32	Close Quarters 접전	243
Chapter 33	Flight and Pursuit 도망과 추격	252
Chapter 34	The Blood of the Pulidos 풀리도 가문의 피	257
Chapter 35	The Clash of Blades Again 다시 맞붙은 검날	263
Chapter 36	All Against Them 모두가 적	272
Chapter 37	The Fox at Bay 궁지에 몰린 여우	277

Chapter 38 The Man Unmasked 281
복면을 벗은 남자

Chapter 39 Don Diego and Zorro 286
돈 디에고와 조로

Chapter 01

Pedro, the Boaster*

19세기 미국 캘리포니아는 스페인의 식민 지배 하에 있다.
비가 세차게 오는 날 곤잘레스 상사와 선술집 주인은
지배층의 골칫거리인 조로 이야기로 열을 내고 있고
상사는 조로와 당장이라도 맞붙으면 좋겠다고 호언한다.

The rain beat against the red roof, and the wind shrieked,* and smoke puffed* from the big fireplace.

"This is a night for evil*!" declared* Sergeant* Pedro Gonzales, stretching his great feet toward the fire.

"It is!" The fat innkeeper* agreed

hastily.* The big sergeant was famous up and down the El Camino Real, which they called the highway that connected* the towns in one long chain.

Sergeant Gonzales moved closer to the fire to steal more of its warmth. Sergeant Pedro Gonzales was very selfish. Because of his great size and skill with swords, no one had the courage to challenge* him.

It was a typical* February storm for southern California. Most of the buildings were closed and the animals were kept inside. At every house, big fires were burning. The timid* natives* hid in their little adobe* huts, glad for shelter.*

And here in the little town of Reina de Los Angeles, where, in years to come, a

---

boaster 허풍쟁이　**shriek** 날카로운 소리를 내다　**puff** 연기를 내뿜다　**evil** 악마　**declare** 선언하다, 단언하다　**sergeant** 병장, 상사　**innkeeper** 여인숙 주인　**hastily** 황급히, 서둘러　**connect** 연결하다　**challenge** 도전하다, 싸움을 걸다　**typical** 전형적인　**timid** 소심한　**native** 원주민　**adobe** 흙벽돌 **shelter** 피할 곳, 피난처

great city would grow, the sergeant and his men stayed out of the rain.

A corporal* and three soldiers sat at a table behind the sergeant, drinking their wine and playing cards. A native American servant sat in the corner. The Spanish men in California at this time were divided* between the religious men—monks* and priests*—who tried to make the native Americans Christians, and the army men.

If no one was talking to the sergeant, he might get bored and start a fight. The last two times that the sergeant started a fight, he had destroyed a lot of the furniture in the tavern.* So the innkeeper tried to start a conversation.

"They are saying in town that Zorro is around again."

His words did not make the sergeant happy. He hit the table with his fist.* The corporal and the three soldiers retreated* a few feet in sudden fright.* The native servant started to sneak* outside. The storm was better than the sergeant's anger.

"Zorro, eh?" Gonzales cried in a terrible voice. "He imagines that he is as cunning* as a fox, eh! He wears a mask, and he swordfights well, they tell me. He uses the sword to carve the letter Z on the cheek of his enemy! Ha! The mark* of Zorro they are calling it! But he has never done anything near me! Why is that, huh?"

"They are calling him the Curse of Capistrano now," said the fat innkeeper.

"Curse of the entire highway and California!" Sergeant Gonzales roared. "He is a thief! Ha! A common* fellow trying to get a reputation* for bravery!"

---

corporal 상병, 하사 **divide** 나누다, 분할하다 **monk** 수도사 **priest** 사제, 신부 **tavern** 선술집, 여인숙 **fist** 주먹 **retreat** 물러서다, 후퇴하다 **fright** 두려움 **sneak** 몰래 빠져나가다 **cunning** 교활한 **mark** 표시, 자국 **common** 보통의, 평범한 **reputation** 평판

"There is a reward,*" the innkeeper began.

"There is a pretty reward for the fellow's capture.* But I haven't had the chance to meet him. I am away on duty* at San Juan Capistrano, and the man steals in Santa Barbara. I am at Reina de Los Angeles, and he takes a fat purse at San Luis Rey."

"Well, he has never visited us here," the innkeeper said with a sigh of thanks.

"There is good reason! We have soldiers here. He has no real courage."

Sergeant Gonzales relaxed* on the bench again.

"Yet Zorro must rest at times*; he must eat and sleep."

"Ha!" Gonzales replied. "Of course the man has to eat and sleep! He also says that he is not a thief. He says that he is helping the oppressed* people in California. I heard that the monks and priests help him."

"I have no doubt that you speak the truth," the innkeeper replied. "But may Zorro never visit us here!"

"And why not, fat one?" Sergeant Gonzales cried in a voice of thunder. "I'm here. Why are you afraid of him?"

"I mean that I have no wish to be robbed.*"

"You don't have anything to steal! I hope he comes right through that door! I want to get the reward for capturing him. I am not afraid of him."

The door suddenly was opened.

---

reward 현상금 **capture** 생포; 사로잡다 **on duty** 복무 중인 **relax** 긴장을 풀다 **at times** 가끔은 **oppressed** 억압받는 **rob** 빼앗다, 강탈하다

Chapter 02

On the Heels of the Storm

선술집의 문이 열리고 한 청년이 들어온다.
돈 디에고 베가라는 이 청년은 그 지역 유지의 아들이지만
사내다운 면이 부족하고 포부도 없으며
잘생긴 외모에도 불구하고 여자에도 관심이 없다.

In came a gust* of wind and rain with a man. Everyone in the tavern was startled.* The native was quick to close the door again to keep out the wind.

The newcomer* turned and faced them; the innkeeper gave another sigh of relief.* It was not Zorro, of course. It was Don

Diego Vega, a twenty-four-year-old man who came from a rich family.

"Did I startle you all?" Don Diego asked politely.

"A man like you wouldn't startle us. It's just the storm."

"It is true that I do not have a reputation for riding like a fool, fighting like an idiot with every newcomer, and playing the guitar under every woman's window. Yet I do not want to be mocked* by you."

"Ha!" Gonzales cried.

"We have an agreement.* We can be friends, Sergeant Gonzales, even though I am rich and you are not, as long as you do not mock me. But mock me again, sir, either in public or private, and the agreement is at an end."

---

on the heels of ~을 바짝 뒤쫓아 **gust** 질풍, 돌풍 **startled** 깜짝 놀란 **newcomer** 새로 온 사람 **relief** 안도, 안심 **mock** 놀리다, 조롱하다 **agreement** 협정, 합의

"You are too serious! Relax."

He glared* around the room and then roared with laughter and clapped Don Diego between the shoulders.

This strange friendship between Don Diego and Sergeant Gonzales was the talk of El Camino Real. Don Diego came from a family that ruled over thousands of broad acres, countless herds* of horses and cattle,* and great fields of grain. Don Diego had a mansion* that was like a small empire.*

But Don Diego was unlike the other young rich men. It appeared* that he disliked action. He seldom wore his sword. He was polite to all the women but dated none.

He sat in the sun and listened to the wild tales of other men, and now and then he smiled. He was the opposite* of Sergeant Pedro Gonzales in all things, and yet they were together frequently.*

Now Don Diego went to stand before the fire and dry himself. He was only medium in size, but he possessed* health and good looks. The older men were sad that he seemed not to be interested in any of their daughters.

"Friend, we have been speaking of Zorro," he said.

"What about him?" Don Diego asked, hiding a yawn* behind his hand.

"I said that Zorro never appears near me. I hope that I will have the chance to face him some fine day so I may claim* the reward offered by the governor.*"

"Let us not speak of him," Don Diego begged. "Shall it be that I never hear of anything except violence*? Wouldn't it be

---

glare 노려보다, 쏘아보다   herd 가축의 떼   cattle 소   mansion 저택
empire 왕국   appear ~인 것 같다   opposite 상반된   frequently 자주
possess 소유하다   yawn 하품   claim 주장하다, 청구하다   governor 총독
violence 폭력

nice to talk about music or the poets?"

"Useless!" snorted* Sergeant Gonzales in huge disgust.* "If this Sir Zorro wishes to risk his neck,* let him! Ha!"

"I don't think he's a bad man. He has robbed no one except officials* who have stolen from the church and the poor. He has punished none except brutes* who mistreat* natives. He killed no man."

"But I want the reward!"

"Earn it," Don Diego said. "Capture the man!"

"Ha! I want to."

"Then catch him," Don Diego answered. "And tell me all about it afterward but not now."

Don Diego sipped* his wine slowly. Then he put on his hat and coat.

"What?" the sergeant cried. "You are going to leave us at such an early hour? You are going to face the storm?"

"At least I am brave enough for that," replied Don Diego smiling. "I came here to buy some honey. My servants were too afraid to go out."

"I shall escort* you safely home through the rain!" Sergeant Gonzales cried.

"You shall remain here before the fire," Don Diego told him firmly.* "I am doing some work with my secretary.* I might return here later after we finish."

"Ha! And why did you not send that secretary of yours for the honey? Why be wealthy and have servants, if a man cannot send them on errands on such a stormy night?"

"He is an old man and feeble,*" Don Diego explained. "The storm would kill him. Innkeeper, serve all here with wine

---

snort 콧방귀를 끼다 disgust 혐오, 진저리 risk one's neck 목숨을 걸다
official 관리, 공무원 brute 못된 사람, 짐승 같은 사람 mistreat 학대하다
sip 홀짝거리며 마시다 escort 바래다주다 firmly 굳게, 단호하게 secretary 비서 feeble 허약한, 연약한

and put it on my account.* I may return later."

Don Diego Vega picked up the pot of honey, opened the door, and went into the storm and darkness.

"There goes a man!" Gonzales cried. "He is my friend. I doubt whether he can use his sword! He never thinks about women, but he is a man!"

The soldiers agreed since they were drinking Don Diego's wine. The fat innkeeper served them with another round since Don Diego would pay.

"He cannot endure* the thought of violence or bloodshed,*" Sergeant Gonzales continued. "He is as gentle as a breeze* of spring. Yet he has a strong look in his eyes. I wish I had his youth, wealth, and good looks! I would break so many hearts! I would rule the country!"

Gonzales was upon his feet* now, and

he took out his sword. He swept* it back and forth through the air and fought with shadows. The others laughed.

"I wish Zorro was here!" the sergeant gasped.*

And again the door was opened suddenly, and a man entered the inn.

---

account 계좌, 장부 **endure** 인내하다 **bloodshed** 유혈 사태 **breeze** 산들바람, 미풍 **upon one's feet** 서서 **sweep** 쓸어내리다 **gasp** 숨을 헐떡이다, 숨을 몰아쉬며 간신히 말하다

Chapter 03

Zorro Pays a Visit*

돈 디에고가 선술집을 떠나자마자
검은 복면에 망토를 입은 조로가 들이닥친다.
조로는 요전 날 원주민을 잔인하게 대한 이유를 들어
곤잘레스 상사에게 결투를 청하고 둘은 싸움을 벌인다.

The native servant hurried forward to close the door against the force of the wind, and then retreated to his corner again. The newcomer had his back toward those in the long room. They could see that his hat was pulled far down on his head, and that his body was covered in a long cloak* that was wet.

With his back still toward them, he opened the cloak and shook the raindrops from it as the fat innkeeper hurried forward. He hoped to charge* this man a lot of money on the cold night. When the innkeeper was within a few feet of him and the door, the stranger turned around. The innkeeper gave a little cry of fear and retreated with speed.* The others gasped.

The man who stood straight before them had a black mask over his face.

"Ha! What have we here?" Gonzales gasped finally.

The man before them bowed.

"Zorro, at your service,*" he said.

"If that is true, you have walked into a trap,* my pretty thief!"

"Will you please explain?" Zorro asked.

---

pay a visit 방문하다   **cloak** 망토   **charge** 청구하다   **with speed** 급히
at one's service 마음대로, 분부대로   **trap** 함정, 덫

His voice was deep.

"Have you come to surrender* your wicked* sword? Are you finished being a thief?"

Zorro laughed, but he did not take his eyes from Gonzales.

"Most certainly I have not come to surrender," he said. "I am on business.*"

"Business?" Gonzales asked.

"Four days ago, you brutally* beat a native. It happened on the road between here and San Gabriel."

"That is none of your business.*"

"I am the friend of the oppressed, and I have come to punish you."

"How could you punish me? I will give you ten seconds, and then I will kill you and get my reward."

"You are generous.*"

"Then I must do my duty.* Corporal, you will remain by the table, and the men also. The rewards for killing this man are mine!"

He approached Zorro carefully. Suddenly he jumped back, for Zorro was now holding a pistol.*

"Back, sir!" Zorro warned.

"Ha! You are a coward* who uses a pistol! Real men fight with swords."

"Back, sir! I shall not warn again."

"Somebody told me you were a brave man. Don't you have courage?"

Zorro laughed again.

"I must use this pistol to make this room safe for me to fight you. Right now there is only one of me but seven of you."

"I wait anxiously,*" Gonzales answered.

"The corporal and soldiers will retreat to that far corner," Zorro directed.*

---

surrender 넘겨주다, 항복하다 **wicked** 나쁜, 사악한 **on business** 업무차 **brutally** 심하게, 잔인하게 **none of one's business** ~와 상관없는 **generous** 자애로운, 너그러운 **do one's duty** 임무를 수행하다 **pistol** 권총 **coward** 겁쟁이 **anxiously** 열망하여 **direct** 지시하다

"Innkeeper, you will accompany* them. The native will go there also. Thank you. I do not wish to have any of you disturb* me while I am punishing this sergeant here."

"Ha!" Gonzales screeched* in fury.*

"I shall hold the pistol in my left hand," Zorro continued. "I shall fight with my right, in the proper* manner, and as I fight I shall keep an eye on* the corner. If any of you move, I will shoot you."

Zorro looked Gonzales straight in the eyes again, and a laugh came from behind his mask.

"On guard*!"

Chapter 04

Swords Clash* and Pedro Explains

조로는 곤잘레스 상사를 무참히 패배시키고 떠난다.
창피해진 곤잘레스 상사는 사람들에게 변명을 늘어놓으며
조로와의 결투가 정당한 것이 아니었음을 항변하지만
돈 디에고의 끈질긴 질문 세례에 사실이 들통난다.

Gonzales turned and got his sword ready. He saw that Zorro had drawn his sword, and that he was holding the pistol in his left hand high above his head.

---

accompany 동행하다 **disturb** 괴롭히다 **screech** 날카로운 소리로 외치다 **in fury** 격분하여 **proper** 적절한, 바른 **keep an eye on** ~을 주시하다 **on guard** 조심하여 **clash** 쨍그랑 부딪다

Moreover,* Zorro was laughing still, and the sergeant became furious.* The swords met.

Sergeant Gonzales had been accustomed to* men who moved back and forth, who fought and looked for ways to attack by moving around a lot. But here he faced a man who fought in quite a different way. Zorro did not move at all when he fought.

Gonzales attacked furiously, but Zorro continued to block* him. He tried a retreat, hoping to make Zorro move, but Zorro stood his ground and forced Gonzales to attack again. Anger got the better of* Gonzales then. He was afraid that if he lost, the soldiers would tell others and everyone would hear about it the next day.

He attacked furiously, hoping to drive Zorro off his feet and make an end of it.

But he found that his attack ended as if against a stone wall. Zorro pushed him back half a dozen steps.

"Fight, sir!" Zorro said.

"Fight yourself, thief!" the sergeant cried. "Are you afraid to take a step*?"

"You cannot taunt me into* doing it," Zorro replied.

Sergeant Gonzales realized then that he had been angry, and he knew an angry man cannot fight well. So he became deadly* cold now, and his eyes narrowed.* He attacked again, and looked for an unguarded* spot. He fenced* as he had never fenced in his life before. But all of his tricks* would not work.

He had been watching his opponent*'s

---

moreover 게다가, 더욱이 **furious** 격노한 **be accustomed to** ~에 익숙하다 **block** 방어하다, 차단하다 **get the better of** ~을 이기다 **take a step** 걸음을 내딛다 **taunt A into -ing** A를 조롱해서 ~하게 만들다 **deadly** 몹시 **narrow** 좁히다, 좁아지다 **unguarded** 방심하는, 방어를 하지 않는 **fence** 검술을 하다 **trick** 기술, 속임수 **opponent** 적수, 상대

eyes, of course, and now he saw a change. They had seemed to be laughing through the mask, and now they had narrowed.

"We have had enough of playing," Zorro said. "It is time for the punishment!"

And suddenly he began to press* the fighting, taking step after step, slowly going forward and forcing Gonzales backward. Gonzales gritted his teeth* and tried to control himself* and fought on.

Now he was with his back against the wall. He knew the thief was playing with him. He was ready to swallow his pride* and call upon* the corporal and soldiers to rush in and give him aid.

And then there came a sudden knocking at the door which the native had locked. The heart of Gonzales gave a great leap.* Perhaps help was here.

"We are interrupted,*" Zorro said. "I regret it, for I will not have the time to give you the punishment you deserve. I will have to come again."

The pounding* at the door was louder now.

"Ha! We have Zorro here!"

Zorro's sword seemed to take on new life as he attacked swiftly.

And suddenly Sergeant Gonzales felt his sword torn from his grasp* and saw it go flying through the air.

"So!" Zorro cried.

Gonzales waited to be killed. But no steel* touched his throat. Instead, Zorro slapped* Pedro Gonzales once across the cheek.

"That is for a man who mistreats helpless natives!" he cried.

---

press (공격을) 강행하다   grit one's teeth 이를 갈다   control oneself 자제하다   swallow one's pride 자존심을 억누르다   call upon ~에게 청하다   give a leap 뛰다, 도약하다   interrupt 방해하다   pound 두드리다   tear A from one's grasp ~의 손아귀에서 A를 빼내다   steel 강철   slap 철썩 때리다

Gonzales roared* in rage* and shame. Somebody was trying to smash* the door in now. But Zorro appeared to give it little thought.* He jumped to a bench under a window.

"Until a later time!" he cried.

And then he went through the window as a mountain goat jumps from a cliff. In rushed the wind and rain, and the candles went out.

"After him!" Gonzales screeched.

The corporal reached the door first, and threw it open. In stumbled* two men from town. Sergeant Gonzales and his comrades* pushed past them and dashed into* the storm.

But it was so dark that a man could not see in front of him. The beating rain destroyed all of the tracks.* Zorro was gone and no man could tell in what direction.*

Sergeant Gonzales and the soldiers returned to the inn to find it full of men they knew. And Sergeant Gonzales knew, also, that they would hear about what happened.

"This pretty Zorro knew, of course, some days ago I broke the thumb of my sword hand while fencing at San Juan Capistrano. No doubt the word was passed to Zorro. And he visits me when I am weak."

The corporal and soldiers and innkeeper stared at him, but none was brave enough to say a word.

"Those who were here can tell you," Gonzales went on. "Zorro came in at the door and immediately* drew a pistol from beneath his cloak. He forced all except me

---

roar 울부짖다, 포효하다 in rage 분노하여 smash 때려 부수다, 박살내다
give A little thought A는 거의 염두에 두지 않다 stumble 비틀거리며 걷다 comrade 동지, 동료 dash into ~로 뛰어들다 track 자취, 흔적
direction 방향 immediately 즉시

to hide in that corner. I refused to hide.

"'Then you shall fight me,' says this pretty thief, and I draw my sword. And what does he tell me then?

"'We shall fight,' he says. Then he tells me that he will shoot me if he didn't like my attack."

The corporal gasped, and the fat innkeeper was almost ready to speak, but thought better of* it when Sergeant Gonzales glared at him.

"What a coward!"

"But how did he get away?" someone in the crowd asked.

"He heard those at the door. He threatened* me with the pistol and forced me to throw my sword into the corner. He threatened us all, ran to the window, and sprang through. How could we find him in the darkness or track him through the rain? But I am determined* now!"

The excited crowd about the door suddenly parted, and Don Diego Vega hurried into the tavern.

"What is this I hear?" he asked. "They are saying that Zorro has paid a visit here."

"It is true!" Gonzales answered.

"Can you tell me what happened?" Don Diego asked. "Where is his dead body?"

Gonzales choked;* the fat innkeeper turned away to hide his smile.

"He's not dead," Gonzales managed to* say.

"Even if the story is violent,* I want to hear how you killed him. How much was the reward? Come, sergeant! Innkeeper, give all of us wine! Let's celebrate*!"

Sergeant Gonzales choked again.

"Don't be modest,*" Don Diego said.

---

think better of ~을 다시 생각해 보고 안 하기로 하다 **threaten** 위협하다 **determined** 결심한 **choke** 숨이 막히다, 목이 메이다 **manage to** 간신히 ~하다 **violent** 폭력적인 **celebrate** 축하하다 **modest** 겸손한

"You promised the tale. What does Zorro look like? It is, perhaps, some man that we all know? Can't one of you tell me the facts?"

"Diego, you are my good friend, but let's stop talking of this."

"I fail to understand," Don Diego said. "I have only asked you to tell me the story of the fight."

"Enough!" the big sergeant cried. "Don't taunt me."

"Is it possible that you did not win the battle?" Don Diego asked. "But surely this pretty thief could not stand up before you, my sergeant. What happened?"

"He had a pistol," said Gonzales. "I will find and kill Zorro!"

And then, cursing* horribly,* he rushed away through the rain. Don Diego Vega smiled as he turned toward the fireplace.*

Chapter 05

A Visit in the Morning

돈 카를로스 풀리도는 한때 그 지역 최고의 유지였으나 총독에게 미움을 받아 많던 재산을 모두 빼앗기고 지금은 가문의 이름만 겨우 유지하는 몰락한 귀족이다. 어느 날 돈 디에고가 그의 집으로 찾아온다.

The following morning, there was not a single cloud in the perfect blue of the sky, and the sun was bright. At midmorning, Don Diego Vega came from his house, and stood for a moment, glancing* across

---

curse 욕하다　**horribly** 무시무시하게, 끔찍하게　**fireplace** 벽난로　**glance** 흘긋 보다

the plaza* at the little tavern. From the rear* of the house a native servant led a horse. Though Don Diego did not often go riding on his horse, he owned a very fine horse. The animal had spirit and speed and endurance.* Many men would have loved to buy him.

The saddle* was heavy, made of silver and leather. Precious* stones glittered* on the saddle. Don Diego mounted* his horse while others watched him, wondering where the rich man was going. Then Don Diego had his horse start walking along the road that ran to the north toward the highway.

Men were busy in the fields and orchards,* and natives were watching the herds. Now and then, Don Diego passed strangers on the road, and he greeted them. Don Diego stopped his own horse to brush the dust from his clothes. His clothes were more gorgeous* than usual this bright morning.

He traveled for a distance of four miles and then turned from the highway and started up a narrow, dusty trail that led to a group of buildings against the side of a hill. Don Diego Vega was about to pay a visit to the mansion of Don Carlos Pulido.

Don Carlos had once been almost as rich as Don Diego's father. But he had made the mistake of angering the governor. That governor took his money and land until he had very little left. But he still had his well-known name and title.

On this morning, Don Carlos was sitting outside his mansion, thinking of old times. His wife, Dona Catalina, was inside directing her servants. His only child, Miss Lolita, was inside playing the

---

plaza 광장　**rear** 뒤, 후면　**endurance** 인내심, 참을성　**saddle** 안장　**precious** 귀중한, 소중한　**glitter** 반짝이다　**mount** (말 등에) 타다　**orchard** 과수원　**gorgeous** 훌륭한, 눈부신

guitar and dreaming as a girl of eighteen dreams. Don Carlos saw in the distance that Don Diego was approaching. He was friends with Don Diego's father. So Don Carlos made his native servant get some chairs and tables and wine and cakes.

He told the women, too, that Don Diego Vega was approaching. Dona Catalina began to happily hum a little song, and Lolita ran to a window to look out at the trail. When Don Diego arrived in front of the house, Don Carlos welcomed him.

"I am glad to see you here, Don Diego," he said, as the young man approached.

"It is a long and dusty road," Don Diego said. "It tires me, too, to ride a horse the distance."

Don Carlos almost forgot himself and smiled at that, for surely riding a horse a distance of four miles was not enough to tire a young man. The women remained inside the house, not ready to show themselves unless the visitor asked for them.

"How are things in Reina de Los Angeles?" Don Carlos asked. "It's been a while since I visited there."

"Everything is the same, except that Zorro came to the tavern last evening and had a duel with* the big Sergeant Gonzales," said Don Diego.

"Ha! Zorro, eh? And what was the outcome* of the fighting?"

"Though the sergeant did not tell me the truth, the corporal who was present* told me that Zorro played with the sergeant and finally disarmed* him. Then he jumped through a window to make his escape in the rain. They could not find his tracks."

---

have a dual with ~와 결투하다   **outcome** 결과   **present** 참석한
disarm 해제시키다, 무기를 빼앗다

"A clever man," Don Carlos said. "At least, I have nothing to fear from him. I have nothing to steal. The governor may take my mansion next."

"Such a thing should be stopped!" Don Diego said with more than his usual amount of spirit.

Chapter 06

Don Diego Seeks a Bride

돈 디에고는 돈 카를로스의 딸 롤리타에게 구혼한다.
돈 카를로스는 베가 집안의 부와 지위에 힘입어
자신의 가문의 영달을 다시 한 번 꾀하고자 이를 반기지만
롤리타는 생기 없고 전혀 사내답지 못한 디에고가 못마땅하기만 하다.

Don Diego sipped his wine slowly. Don Carlos looked at him, puzzled.* What did Don Diego want here today?

"I did not ride here to talk to you about Zorro," Don Diego explained after a time.

---

puzzled 어리둥절한, 당혹한

"I had a long talk with my father yesterday morning. He informed me that I am approaching the age of twenty-five. He thinks it is time that I act like a real man. A man of my wealth and position must do certain things. When my father dies, I will have his fortune,* naturally, being the only child. That part of it is all right. But what will happen when I die?"

"I understand."

"A young man of my age, he told me, should have a wife and children. So I have decided to get a wife. And so I have come to see you about it," Don Diego said.

"To see me about it?" gasped Don Carlos with both fear and hope.

"I don't want to be like other men! It looks so silly to chase after a woman and sing to her, like some crazy idiot. And planning the wedding ceremony* is so tedious*! Because I am rich, the wedding will have to be fancy and complicated,* and I will have to give a feast to the natives...."

"Most young men enjoy trying to win a woman's heart, and they are proud if they have a great and fashionable* wedding."

"I'm sure, but it's a nuisance.* You may have lost your money, sir, but your name and blood are well known and regarded.* You have an only daughter, Miss Lolita. She is beautiful, and I have heard that she is accomplished.* I think she could be my wife."

"You are asking my permission* to ask my daughter to marry you?"

"I am, sir."

Don Carlos smiled, and he took Don Diego's hand.

---

fortune 재산　**ceremony** 기념식, 예식　**tedious** 지루한　**complicated** 복잡한　**fashionable** 유행을 따르는　**nuisance** 귀찮은 일　**regard** 존중하다, 경의를 표하다　**accomplished** 교양 있는, 학식을 갖춘　**permission** 허락

"I want my daughter to marry a nobleman.* You have my permission, sir."

Don Carlos was delighted.* He would be important and powerful again! He called a native and sent for his wife, and within a few minutes Dona Catalina appeared to greet the visitor, smiling, for she had been listening.

"Don Diego has asked our permission to court* our daughter," Don Carlos explained.

"Such a marriage would be a proud one," Dona Catalina said. "I hope that you may win her heart, sir."

"I trust there will be no nonsense. Either the lady wants me and will have me, or she will not. Will I change her mind if I play the guitar beneath her window, or hold her hand?"

"Of course," said Don Carlos.

"Ah, sir, but the young lady wants to be

won," said the Dona Catalina. "All her life, she will remember the pretty things her lover said, and the first kiss, and when they stood beside the stream and looked into each other's eyes."

"I don't know anything about it," Don Diego answered. "You think it is necessary for me to do these things?"

"Maybe you should try, at least a little. I'm sure she already wants you, but it would make her happy," Don Carlos answered, afraid to lose a rich son-in-law.

"I shall tell one of my servants to play the guitar under her window."

"And not come yourself?" Dona Catalina asked, perplexed.*

"It's too cold at night! And the native plays the guitar better than I."

"I never heard of such a thing!" Dona

---

nobleman 귀족　　**delighted** 기쁜　　**court** (결혼을 전제로) 사귀다
perplexed 곤혹스러운

Catalina gasped.

"Let Don Diego do as he wants," Don Carlos urged.*

"I had thought that you would arrange* everything and then let me know. I will prepare my house and get more servants. Just send me word when the wedding is to be."

Don Carlos Pulido was a little annoyed* now.

"My friend, dating my wife gave me stress, and she made me work to win her heart. But I wouldn't change anything. You will regret it, sir. Do you want to see our daughter, now?"

"I suppose I must," Don Diego said.

Dona Catalina went into the house to fetch* the girl. She was a small and dainty* girl with black eyes and shining long black hair.

"I am happy to see you again, Don

Diego," she said. He bowed to her.

The older couple went inside to give them some privacy,* but they stayed close enough to be able to listen to the two talk.

"I have asked your father this morning for permission to seek your hand in marriage.* Just say the word, and I shall tell my father, and your family will make arrangements for* the ceremony. They can send word to me by some native servant. It tires me to ride when it's not necessary."

Now the pretty eyes of Lolita began to look annoyed, but Don Diego did not notice.

"Shall you agree to become my wife?" he asked, bending* slightly* toward her.

Lolita's face burned red, and she jumped

---

urge 설득하려고 하다 arrange 주선하다, 일을 처리하다 annoyed 화가 난, 짜증이 난 fetch 가지고 오다, 불러오다 dainty 앙증맞은, 깜찍한 privacy 사생활, 개인적인 자유 seek one's hand in marriage ~에게 구혼하다 make arrangements for ~을 준비하다 bend 구부리다 slightly 약간, 살며시

from her chair.

"Don Diego Vega, you are of a noble family and you have much wealth. But you are lifeless*! Is this your idea of romance? What is wrong with you?"

Dona Catalina tried to signal* to her daughter to calm down, but Lolita did not care.

"The man who weds* me must win my love," the girl went on. "If you send your servant with a guitar, I will throw boiling water on him. Good day!"

She threw up her head proudly and went inside. Don Diego Vega scratched* his head.

"I believe she doesn't like me," he said in his timid voice.

Chapter 07

A Different Sort of Man

돈 디에고의 청혼에 심란한 롤리타는 잠을 이루지 못한다.
이때 조로가 롤리타가 앉아 있던 분수에 나타나자
롤리타는 잠시 당황하지만 그의 달콤한 사랑 고백에
자신도 모르게 그에게 빠져들고 있음을 느낀다.

Don Carlos rushed to meet Don Diego to comfort* him.

"Women are strange and emotional.* Who knows what they are thinking!"

"But I don't understand what I said is

---

lifeless 생기 없는 **signal** 신호를 보내다 **wed** 결혼하다 **scratch** 긁다
comfort 위로하다 **emotional** 감정적인

wrong."

"Don't worry. Both her mother and I have agreed that you are a proper man for her husband. It is normal* for a woman to fight off a man and then surrender. Perhaps the next time you visit us, she will be more agreeable.*"

So Don Diego shook hands with Don Carlos Pulido and mounted his horse and rode slowly down the road. Don Carlos turned about* and entered his house again and faced his wife and daughter.

"How could you reject* him!" Dona Catalina was crying.

"He has wealth and position and he could mend* my broken fortunes* if he were my son-in-law," Don Carlos declared, not taking his eyes from his daughter's face.

"He is handsome," her mother added.

"I agree!" exclaimed* Lolita, lifting her

pretty head and glaring at them bravely. "That is what angers me! But this man is no lover."

"He preferred you to all others, or else he would not have ridden out today," Don Carlos said.

"Certainly it must have tired him!" the girl said. "He is handsome and rich and talented.* He could lead all the other young men. But he has scarcely* enough energy to dress himself."

"But he is a nobleman who wants you for his wife!"

"He should act less like a noble and more like a man," she answered.

"You cannot throw away such a fine chance. Think on it, my daughter. Be in a better mood when Don Diego calls again."

---

normal 보통의, 일반적인 **agreeable** 상냥한, 기분 좋은 **turn about** 뒤돌아보다, 방향을 바꾸다 **reject** 거절하다, 거부하다 **mend** 고치다, 개선하다 **broken fortunes** 파산 **exclaim** 소리치다 **talented** 재능 있는 **scarcely** 가까스로, 겨우

Then he hurried away to avoid the argument* between the mother and daughter.

Later, Miss Lolita went outside to sit near the fountain.* Everyone but her was sleeping.

She understood that if she married Don Diego it would help her father, and she wanted to help him. He would give them money and protect them from the governor. But how could she love such a lazy, lifeless man? Finally she curled up* next to the fountain and went to sleep.

And suddenly she was awakened* by a touch on her arm, and sat up quickly, and almost screamed.

Before her stood a man whose body was covered in a long cloak, and whose face was covered with a black mask. She realized that this must be Zorro and was afraid.

"Silence, and no harm comes to you, miss," the man whispered.* He stepped back,* removed* his hat, and bowed low before her.

"I am known as Zorro, the Curse of Capistrano."

"And you are here."

"I mean you no harm and no harm to any of this mansion," he said. "I punish those who are unjust,* and your father is not that. I admire* him greatly. I want to punish those who do him evil."

"Thank you, sir."

"I am weary,* and the mansion is an excellent place to rest," he said. "I thought everyone would be asleep. I should not have woken you, but you were so beautiful and I had to speak to you."

---

argument 언쟁 **fountain** 분수 **curl up** 몸을 웅크리다 **awaken** 잠에서 깨우다 **whisper** 속삭이다 **step back** 뒤로 물러서다 **remove** 제거하다, 벗다 **unjust** 정의롭지 못한, 불공평한 **admire** 감탄하다, 높이 평가하다 **weary** 지친

Lolita blushed.*

"I wish that my beauty affected* other men so," she said.

"And does it not? But that cannot be possible!"

"Men look down on* my father. There is one suitor,*" she went on. "But he does not seem to care much."

"Ha! Is he sick?"

"He is so wealthy that I suppose he thinks he must only ask and anyone will marry him."

"What an idiot!"

"Somebody may come and see you here! You may be captured!"

"And do you not wish to see a thief captured? The governor might like your father better if he captured me."

"You had best* go," she said.

"I am glad you have mercy* for me. But I must wait here a while."

He seated himself upon the bench, and Lolita moved away as far as she could, and then started to rise.

But Zorro grasped one of her hands and kissed it quickly.

"Sir!" she cried, and pulled her hand away.

"I know it was bold of me, but I must express* my feelings."

"Go before I scream for help!"

"And get me executed*?"

"You are but a thief!"

"But I love life as much as any other man."

"I shall call out, sir! There is a reward offered for your capture."

"Ah, you are cruel. A man would die in your defense.* Such grace! Such fresh

---

blush 얼굴을 붉히다   affect 영향을 미치다   look down on ~을 얕보다, 무시하다   suitor 구혼자   had best ~하는 것이 낫다   have mercy for ~에게 동정(연민)을 가지다   express 표현하다   execute 처형하다   in one's defense ~을 지키기 위해

beauty!"

"For the last time, sir! I shall scream, and they will capture you!"

"Your hand again, and I go."

She turned her back and gave it. He turned her toward him, and her eyes looked deep into his. She realized that he still had her hand, and she pulled it away. And then she turned and ran quickly into the house.

With her heart pounding, she stood behind the curtains at a window and watched. Zorro left the fountain, and she heard the sound of horse hoofs.*

"If Don Diego had only half as much courage!"

Chapter 08
Don Carlos Plays a Game

며칠 후 조로가 돈 카를로스의 집에 찾아온다.
돈 카를로스는 조로를 군인들에게 고발해
자신에 대한 총독의 신뢰를 되찾으려고 하지만
조로는 롤리타의 도움으로 이를 알아차린다.

Lolita turned away from the window, and she was thankful that no one else had seen Zorro. And then came evening, and down by the natives' huts big fires were lit, and the natives gathered around them to

---

hoof (말 등의) 발굽

cook and eat and speak of the events of the day. Inside the house the evening meal had been prepared, and the family was about to sit at the table when someone knocked upon the door.

A native ran to open it, and Zorro came into the room. He bowed.

"I am sorry to bother* you. I am the man known as Zorro. But do not be frightened,* because I have not come to rob."

Don Carlos got slowly upon his feet.* Lolita feared that he would tell her parents that he had visited.

"Thief!" Don Carlos roared. "You dare to enter an honest house?"

"I am no enemy of yours, Don Carlos," Zorro replied. "In fact, I have done some things that should make you like me."

That was true. Don Carlos knew but he was too wise to admit it and anger the governor.

"What do you wish here?" he asked.

"I ask you to give me food and shelter."

"A thief has no claim upon* the hospitality* of this house."

"I guess that you fear to feed me, since the governor may hear of it," Zorro answered. "You may say that you were forced to do it. And that will be the truth."

Now one hand came from beneath the cloak, and it held a pistol. Dona Catalina shrieked and fainted.*

"Fine. You may have food and drink. But at least let me call someone to take my wife away and care for her."

"You may take her out of here. But the young lady must remain here."

Don Carlos glanced at the man, and

---

bother 방해하다   frightened 깜짝 놀란   get upon one's feet 일어서다
have no claim upon ~을 요구할 자격이 없다   hospitality 환대, 우대
faint 기절하다

then at the girl, and saw that she was not afraid. He picked his wife up in his arms and carried her through the doorway.*

Zorro walked around the end of the table, bowed to Lolita again, and sat down in a chair beside her.

"This is foolish, no doubt, but I had to see your face again," he said.

Lolita turned away, her face red, and Zorro moved his chair nearer and reached for her hand, but she pulled it away from him.

"The longing* to hear the music of your voice may bring me here often," he said.

"Sir! You must never come again! The next time I shall shriek, and you will be taken."

Then Don Carlos came back into the room, and Zorro arose and bowed once more.

"I trust your wife has recovered,*" he

said. "I regret that the sight of my poor pistol frightened her."

"She has recovered," Don Carlos said. "I believe you said that you wished meat and drink. You have indeed done some things that I have admired, and I am happy to grant you hospitality for a time. A servant shall bring you food immediately."

Don Carlos walked to the door, called a native, and gave his orders. Don Carlos was well pleased with himself. Carrying his wife into the next room had given him his chance. He had sent a servant into town to tell the soldiers that Zorro was at his house. He now had to keep Zorro at his house until they arrived, for he knew the soldiers would come and the thief be killed or captured. Maybe then the governor would reward him.

---

doorway 출입구 **longing** 열망 **recover** 회복하다

"I have heard of what you did in Santa Barbara. I never heard your side of the story."

"It really was nothing," he said. "I arrived in the vicinity of* Santa Barbara at sunset. There is a fellow there who runs a store, and he had been beating natives and stealing from the monks. So I resolved* to punish the man. I made him give me his stolen money."

"Excellent*!" Don Carlos cried.

"Then I sprang on my horse and escaped. At a native's hut, I made a placard* saying that I was a friend of the oppressed. I pinned* it on where the soldiers were stationed.* Just then the soldiers came rushing out. I fired over their heads, and while they were bewildered,* I rode away toward the hills."

"And why is the governor so particularly* bitter* against you, sir?" Don

Carlos asked. "There are other thieves, to whom he doesn't give a thought.*"

"Ha! I fought him personally once. He was driving from San Francisco de Asis to Santa Barbara on official business with some soldiers. They stopped at a river, and the soldiers scattered* while the governor spoke with his friends. I was hiding in the forest and suddenly jumped out.

"I presented* my pistol at his head and ordered him to hand over his fat purse, which he did."

"And escaped!" Don Carlos cried.

The servant brought a tray of food and placed it before Zorro, and retreated as soon as possible, his eyes big with fear. He had heard many false tales about Zorro.

---

in the vicinity of ~의 부근에 resolve 결심하다, 마음먹다 excellent 훌륭한 placard 벽보, 플래카드 pin 핀으로 꽂다 station 배치하다, 주둔시키다 bewildered 당황한, 어리둥절한 particularly 특별히, 두드러지게 bitter 모진, 적의에 찬 give a thought 염두에 두다 scatter 흩어지다 present (총을) 겨누다

"I will eat with this pistol at the table, I'm sorry. But I will enjoy this food you have given me."

Don Carlos and his daughter sat far away, and the thief ate happily. Now and then he stopped to talk to them. Don Carlos gave whatever he asked while he waited for his servant to return.

"I am having some food prepared for you to carry with you, sir," he said. "You will pardon* me while I get it? My daughter will entertain* you."

Zorro bowed, and Don Carlos hurried out from the room. But Don Carlos had made a mistake in his eagerness.* It was an unusual* thing for a girl to be left alone in the company of a man in that way. Zorro guessed at once that he was being delayed* purposely.*

"Sir!" Lolita whispered across the room.

"What is it?"

"You must go at once. I am afraid that my father has sent for the soldiers."

"May I come again tomorrow afternoon?"

"No! This must end, Zorro. Go your way and take care. You have done some things that I admire, hence* I would not see you captured."

Don Carlos came back into the room then, and Zorro knew by the expression* on his face that the soldiers were coming. He put a package* on the table.

"Some food to carry with you sir," he said. "Why don't you tell us more about your adventures?"

"I have spoken too much of myself already. I thank you and leave you now."

"At least, sir, drink another mug of

---

pardon 용서하다 entertain 접대하다 eagerness 열의, 열망 unusual 특별한, 별난 delay 지연시키다 purposely 일부러 hence 그러므로 expression 표정 package 짐 꾸러미

wine."

"I fear that the soldiers are much too close, Don Carlos."

His face went white at that. He was afraid that Zorro would shoot him.

"I forgive you, Don Carlos. Good night and goodbye!"

Then a terrified servant rushed in at the door.

"Master! The soldiers are here!" he cried. "They are surrounding* the house!"

Chapter 09

The Clash of Blades

곤잘레스 상사와 부하들은 도망치는 조로를 쫓는다.
그러나 돈 카를로스의 집에 도착한 라몬 대장은
집 안에서 나온 조로와 마주치고 결투를 벌이고
조로의 검에 오른쪽 어깨를 찔리는 부상을 입는다.

Zorro jumped over the table, put out the candles, and made the room dark. For an instant* Lolita felt a man's arm around her waist, gently squeezing* it.

"Until later," he whispered in her ear.

---

surround 둘러싸다, 포위하다 **for an instant** 잠시 동안 **squeeze** 꽉 쥐다

Don Carlos was yelling, and the soldiers were pounding at the door. Zorro rushed from the room and into the one next to it, which happened to be the kitchen. The native servants ran from him and he put out the candles there.

Then he ran to the door that opened into the patio* and yelled out in a very strange voice. As the soldiers rushed in at the front door, they heard the sound of horse hooves coming from the back of the house. The sound died away in the distance, but the soldiers had noted* the direction in which the horse was traveling.

"The devil escapes!" Sergeant Gonzales shrieked. "Go after him!"

The big sergeant and his soldiers rushed out from the house and followed the sound of the horse.

"Lights! Lights!" Don Carlos was shrieking inside the house.

A servant came, and the candles were lighted again. Don Carlos stood in the middle of the room, shaking his fists.

"He got away!" Don Carlos said. "It is to be hoped that the soldiers capture him."

"At least he is clever and brave," Lolita said.

"I grant him that, but he is a thief!" Don Carlos roared. "Why did he visit my house?"

Lolita thought she knew, but she would be the last one to explain to her parents. There was a faint* blush* on her face.

Don Carlos threw the front door open wide and stood in it, listening. To his ears came the sound of galloping* hooves once more. A man hurried to the front door. It was Captain Ramon, commander* of the soldiers at Reina de Los Angeles.

---

patio 파티오(집 뒤쪽 테라스) **note** 주목하다 **faint** 엷은 **blush** 홍조, 얼굴을 붉힘 **gallop** 질주하다 **commander** 지휘관, 사령관

"Where are my men?" the captain cried.

"They are chasing that thief!" Don Carlos informed him.

"Ha! It is to be hoped that they catch this pretty bird. Zorro is a clever gentleman, but he will be captured yet!"

Lolita retreated to her corner again and observed* the soldier. He was not bad-looking and he wore his uniform well. As for the captain, there was a sudden light in his eyes that pleased Dona Catalina. If Lolita could not love Don Diego, maybe she could love this captain.

"I could not find my men now in the darkness, so please let me stay here and wait for them."

"By all means,*" said Don Carlos, "be seated sir, and I'll have a servant fetch wine."

"A man like Zorro does not last long. He will be captured soon."

"That is true," said Don Carlos. "The fellow was boasting to us tonight of his accomplishments.*"

"I was commander at Santa Barbara when he made his famous visit there," the captain explained. "But I was busy that night, so I had no chance to meet him. As soon as I was notified* tonight, I came. It appears that Zorro has some knowledge of my whereabouts* and is careful not to meet me. I hope one day to change that."

"You think you could beat him?" Dona Catalina asked.

"Undoubtedly*! I heard that he is only average* with a sword."

There was a closet* in one corner of the room, and now its door was opened a crack.*

---

observe 지켜보다, 관찰하다 **by all means** 되고 말고 **accomplishment** 성취, 업적 **notify** 알리다 **whereabouts** 소재, 행방 **undoubtedly** 의심할 바 없이 **average** 평균의 **closet** 벽장, 옷장 **crack** 갈라진 틈

"The man should die," Captain Ramon went on to say. "He is brutal* in his dealings with men. He kills often, I have heard."

The closet door was thrown open and Zorro stepped into the room.

"I shall punish you for lying about me!" he cried.

Don Carlos gasped in surprise. Dona Catalina fainted. Lolita felt some pride in the man's statement,* and a great deal of fear for him.

"Ha! It was but a trick. My horse escaped, but I did not."

"Then there shall be no escape for you now!" Captain Ramon cried, drawing his sword.

"Back, sir!" Zorro cried, taking out his pistol suddenly. "I shall fight you gladly, but the fight must be fair. Don Carlos, gather your wife and daughter beneath your arms and retire* to the corner!"

"I thought you escaped!" Don Carlos gasped again.

"My horse is well trained. He will run when he hears me cry. Then he will come back and wait for me. I will put the pistol on the table. There it remains if Don Carlos stays in the corner with the ladies. Now, captain!"

Zorro took out his sword, and with a glad cry Captain Ramon crossed it with his own. Captain Ramon had a reputation as a great swordfighter,* so Zorro was careful at first.

The captain pressed him back, his sword flashing like streaks of* lightning in a troubled sky. Now Zorro was almost against the wall near the kitchen door. And then Zorro laughed. For now he had

---

brutal 잔인한　**statement** 진술, 성명　**retire** 물러나다　**swordfighter** 검객, 칼잡이　**a streak of** 한 줄기의

learned how the captain fenced. Suddenly Zorro began fiercely attacking.

"It's a shame to kill you," he said. "You are an excellent officer, I have heard, and the army needs a few such. But you have lied about me, and so you must pay a price."

"If you are so certain, run me through the right shoulder," the captain said.

"Guard* it well, my captain, for I shall do as you say. Ha!"

He caused the captain to circle* back, forced him to retreat, and fought him to a corner.

"Now, my captain!" he cried.

And so he ran him through the right shoulder, as the captain had said, and twisted* the blade* a bit as he brought it out. He had struck a little low, and Captain Ramon dropped to the floor.

Zorro stepped back and sheathed* his

sword.

"I apologize for this and leave. You will find that the captain is not badly injured,* Don Carlos."

He removed his hat and bowed low before them.

"Good night!"

---

guard 지키다, 경호하다 **circle** 선회하다 **twist** 비틀다 **blade** (칼 등의) 날
sheathe 칼집에 넣다 **injured** 부상을 입은, 다친

Chapter 10

A Hint of Jealousy

조로가 돈 카를로스의 집에 다녀갔다는 소식을 듣고
돈 디에고는 안부를 묻기 위해 롤리타를 방문한다.
라몬 대장이 롤리타에게 연모의 눈길을 보내자
질투를 느낀 디에고는 롤리타에게 청혼에 대한 답변을 재촉한다.

Captain Ramon's wound was cleaned and treated. He sat drinking wine at Don Carlos's house.

Dona Catalina and Lolita had taken care of the wound, but Lolita kept thinking of Zorro. Don Carlos urged upon the officer to remain at the house a few days until his wound had healed.* The captain was attempting* to make conversation with Lolita, yet failing miserably.*

Later they heard a horseman coming to the house. The horseman came nearer and presently* stopped before the house, and the servant hurried out to care for the beast. Finally Don Diego Vega hurried through the door.

"Ha!" he cried, as if in relief. "I am rejoiced* that you all are alive and well!"

"Don Diego!" the master of the house exclaimed.

"My back aches from riding. But I felt that I must come. I was afraid when I heard that Zorro had visited your house."

"I understand," Don Carlos smiled and looked at Lolita.

"I felt it my duty to make the journey.

---

heal 치료하다　**attempt** 시도하다　**miserably** 비참하게, 형편없이
presently 곧, 이윽고　**rejoiced** 기쁜

And now I find that it has been made for nothing. You all are alive and well."

"The fellow was here, but he made his escape after running Captain Ramon through the shoulder."

"Ha!" Don Diego said, collapsing* into a chair. "So you have felt his steel, eh, captain? Your soldiers are chasing him?"

"They are," the captain replied shortly, for he did not like to have it said that he had been defeated in combat.* "And they will continue to be after him until he is captured."

"I hope that the soldiers will be successful. The thief has annoyed Don Carlos and the ladies and Don Carlos is my friend. I would have all men know it."

Don Carlos and Dona Catalina smiled, but Lolita struggled* not to look annoyed.

"I am so tired. I have already ridden here twice."

"It is only four miles," said the captain.

"Maybe it's easy for a soldier, but not a nobleman like me."

"May not a soldier be a nobleman?" Ramon asked.

"It has happened before now, but we come across* it rarely," Don Diego said. He glanced at Lolita as he spoke. He saw how Ramon looked at her and jealousy* was beginning to burn in his heart.

"Are you implying* that I am not of good blood?" Captain Ramon asked.

"I never saw any of it. But Zorro did."

"You would taunt me?"

"Never be taunted by the truth," Don Diego said. "Shouldn't you be back at the base,* commanding* the soldiers?"

"I await their return here," the captain

---

collapse 무너지다   **combat** 전투, 대결   **struggle** 애쓰다, 고군분투하다
come across 뜻밖에 발견하다   **jealousy** 질투   **imply** 암시하다, 의미하다
base (군대) 기지   **command** 명령하다, 지휘하다

replied. "Also, it is a fatiguing* journey from here to the base, according to you."

"More wine, sirs!" Don Carlos exclaimed in a loud voice to stop the men from getting into a fight.

Don Diego accepted the wine mug and turned his back to the captain. He glanced across at Lolita and smiled. He picked up his chair and carried it across the room to set it down beside her.

"And did the thief frighten you?" he asked.

"If he did, would you avenge* me?" she taunted.

"I would if I had to. But there are other men who could do it better. Why should I risk my own neck? Anyway, have you been thinking about what I asked you?"

Lolita thought of it now. She remembered again what the marriage would mean to her parents and she recalled* Zorro, too.

"I have scarcely had time to think of it," she replied.

"I trust you will make up your mind* soon. My father insists* that I should take a wife as soon as possible. It is rather a nuisance, of course, but a man must please his father."

Lolita bit her lips because of her quick anger.

"I shall make up my mind as soon as possible," she said finally.

"Does this Captain Ramon remain long at the house?"

A little hope came into Lolita's breast. Could it be possible that Don Diego Vega was jealous? If that were true, possibly he might have some spirit.

---

fatiguing 피곤하게 하는, 고된 avenge 복수하다, 앙갚음 하다 recall 회상하다, 상기하다 make up one's mind 마음을 정하다 insist 고집하다, 주장하다

"My father has asked him to remain until he heals," she replied.

"He is able to travel now."

"You will not return tonight?" she asked.

"It probably will make me ill, but I must return. I have some business to do."

"But, what if you meet Zorro?"

"I could pay him to release* me."

"You would pay ransom* rather than fight him?"

"I have lots of money, but only one life. Any man can be manly* at times, but it takes a clever man to be wise." Don Diego laughed lightly.

On the other side of the room, Don Carlos was doing his best to make Captain Ramon comfortable.

"Don Carlos, I come from a good family, and the governor is friendly toward me," the captain whispered to Don Carlos. "I am but twenty-three years of age, and

I have a good future. I never saw your daughter until this evening, but she has captivated* me. Never have I seen such grace and beauty, such powerful eyes! I ask your permission to date her."

Chapter 11

Three Suitors

라몬 대장도 돈 카를로스에게 구혼 허락을 받는다.
조로를 쫓아갔던 곤잘레스 상사 일행이 돌아오고
라몬 대장은 상사에게 정예 병사들을 뽑아
조로를 체포하거나 죽일 때까지 추격하라고 한다.

Don Carlos had no wish to anger Don Diego Vega or Captain Ramon. If Lolita could not force her heart to accept Don Diego, perhaps she could learn to love Captain Ramon.

"I trust you will not misunderstand* me," Don Carlos said in lower tones. "I must make a simple explanation."

"Proceed,* sir."

"But this morning Don Diego Vega asked me the same question."

"Ha!"

"You know his blood and his family. Could I refuse him? But my daughter will not marry anyone she does not love. So if he fails to charm her, you might have a chance."

"Then I may try?" the captain asked.

"You have my permission. Of course, Don Diego has great wealth, but you are much more...."

"I understand perfectly," the captain said laughing. "He is not exactly brave and dashing.* Unless your daughter prefers wealth to a genuine* man...."

"My daughter will follow her heart!"

---

misunderstand 오해하다   **proceed** 진행하다, 계속하다   **dashing** 돌진하는, 추진력이 있는   **genuine** 진짜의

"Then it is between Don Diego Vega and me?"

"Yes, as long as you don't cause a problem between me and the Vega family."

"Your interests shall be protected, Don Carlos," Captain Ramon declared.

As Don Diego talked, Lolita observed her father and Captain Ramon, and guessed what was being said. It pleased her, of course, but the captain was not as interesting as Zorro.

Zorro had thrilled* her to the tips of her tiny toes, and merely* because he had talked to her, and touched the palm of her hand with his lips. If Don Diego Vega were only more like him! Suddenly Sergeant Gonzales and the soldiers entered their house. They saluted* their captain, and the big sergeant looked with wonder at his wounded shoulder.

"He escaped us," Gonzales reported. "We followed him for a distance of three miles or so as he made his way into the hills."

"Then?" Ramon asked.

"Fully ten men were waiting for him there, my captain. We fought them well, and we wounded three of them, but they made their escape and took their comrades with them."

"Sergeant, you will select twenty men in the morning, and have command over them. You will take the trail of Zorro, and you will not stop until he is either captured or killed. I will add a quarter*'s wages* to the reward of the governor if you are successful."

"Ha! It is what I have wished!" Sergeant Gonzales cried.

---

thrill 짜릿하게 하다 **merely** 단순히, 그저 **salute** 경례하다 **quarter** 4분의 1
wage 급료, 월급

"It would be no more than right, because he has injured the captain," Don Diego put in.

"What is this, Don Diego, my friend? Captain, you fought this thief?"

"I have," the captain answered. "You but followed a tricky* horse, my sergeant. The man was here, in a closet, and came out after I had entered. So it must have been some other man you met with his companions up in the hills. Zorro also used a pistol to make me fight alone."

"This thing can be settled* only in blood!" Gonzales declared. "I have permission to select my men?"

"You may take any at the base," the captain said.

"Sergeant Gonzales, I should like to go with you," Don Diego said suddenly.

"It would kill you! How could you spend day and night in the saddle, uphill and downhill, through dust and heat?"

"I guess you are right. But he has annoyed this family, of which I am a true friend. At least you will keep me informed?"

"Certainly," Sergeant Gonzales replied. "My captain, do you return this night to the base?"

"Yes," Ramon replied. "Despite my wound, I can ride a horse."

He glanced toward Don Diego as he spoke.

"I, too, shall return to Reina de Los Angeles, if Don Carlos would be good enough to lend me his carriage."

Gonzales laughed and led the way from the house. Captain Ramon followed.

"You will think of the matter?" Don Diego asked Lolita. "If you decide to wed

---

tricky 잔꾀를 부리는   settle 해결하다, 합의를 보다

me, have your father send me word by a servant. Then I shall put my house in order."

"I shall think of it," the girl said.

"We could be married at the mission* of San Gabriel. Friar Felipe, of the mission, has been my friend from the days of my boyhood, and I would have him say the words, unless you prefer otherwise."

"I shall think of it," the girl said again.

"Perhaps I may come out again to see you within a few days, if I survive* this night. I suppose I should kiss your hand?"

"You need not take the trouble," Lolita replied.

"Ah, thank you. You are thoughtful,* I see."

Don Diego left the house. Lolita rushed into her own room and beat at her breasts with her hands, and tore* at her hair a bit, too angry to weep. She wished that Don

Diego was half the man Zorro was. She heard the men ride away on their horses. And then she went out into the great room again to her parents.

"My father, it is impossible that I wed with Don Diego Vega," she said.

"What has caused your decision, my daughter?"

"He is not the sort of man I wish for my husband. He is lifeless. Living with him would be torture.*"

"Captain Ramon also has asked permission to court you," Dona Catalina said.

"And he is almost as bad. I do not like the look in his eyes," the girl replied.

"You are too particular," Don Carlos told her. "Think on it, girl! An alliance* with Don Diego Vega would really help

---

mission 포교 시설, 전도단 **survive** 살아남다, 생존하다 **thoughtful** 사려 깊은 **tear** 찢다, 뜯다 **torture** 고문 **alliance** 동맹, 연합

our family. Maybe if you make him jealous, he will change."

Lolita burst into tears.*

"I shall do my best to like him," she said.

She hurried into her room again. Soon the house was in darkness. Almost everyone was sleeping. But Lolita did not slumber.* Her mind was full of thoughts of Zorro. She remembered the grace of his bow, the music of his deep voice, the touch of his lips upon her palm.

"I wish he weren't a thief," she said sighing. "How a woman could love such a man!"

Chapter 12

A Visit

곤잘레스 상사는 추격대를 꾸려 조로를 잡기 위해 출발하고 돈 디에고는 농장 일을 살펴보러 집을 비운다. 그가 집을 비운 사이 풀리도 집안사람들은 돈 디에고의 집에 머물도록 초대를 받는다.

The next morning, Sergeant Pedro Gonzales was prepared with twenty men for the chase of Zorro. The big sergeant's voice roared out. He ordered his men to pack lightly and be prepared. He was

---

burst into tears 눈물을 터뜨리다 **slumber** 잠자다, 얕은 잠이 들다

determined not to come home until Zorro was captured or killed. The front door of Don Diego Vega's house opened, and Don Diego himself appeared, at which the townsmen wondered a bit, since it was so early in the morning.

"You were so noisy that you woke me up. But as a matter of fact,* I am up early because I must make a trip to my farm, a journey of some ten miles, to inspect* the flocks* and herds.*"

"If you should meet Zorro, he probably would hold you for a ransom."

"Is he supposed to be between this place and my farm?" Don Diego asked.

"A native arrived a short time ago with word that he had been seen on the road running to Pala and San Luis Rey. We ride in that direction. But your farm is in the opposite direction."

"I feel somewhat* relieved* to hear

you say it. So you ride toward Pala, my sergeant?"

"We do. We shall try to pick up his trail as soon as possible. We start at once."

"I shall await news eagerly," Don Diego said. "Good fortune goes with you!"

Gonzales and his men mounted, and the sergeant shouted an order, and they galloped toward Pala and San Luis Rey. Don Diego looked after them until nothing could be seen but a tiny dust cloud in the distance, and then he called for his own horse. He, too, mounted and rode away toward San Gabriel, and two native servants rode mules* and followed a short distance behind.

But before he departed,* Don Diego wrote a message and sent it to the Pulido

---

as a matter of fact 사실 **inspect** 조사하다 **flock** (양, 염소, 새의) 떼 **herd** (소, 말의) 떼 **somewhat** 다소 **relieved** 안심한, 해방된 **mule** 노새 **depart** 출발하다

hacienda.* It was addressed* to Don Carlos, and read:

The soldiers are starting this morning to pursue* Zorro, and it has been reported that Zorro has a band of thieves under his command. There is no telling, my friend, what may happen. I beg of you to come at once to my house in Reina de Los Angeles, and make it as your home until matters are settled. I am leaving this morning for my farm. I shall hope to see you when I return, which will be in two or three days.

Diego

"What do you think?" Don Carlos asked his family.

"It has been some time since we have visited town," Dona Catalina said. "I think it will be an excellent thing to do."

"What does our daughter think?"

She hesitated* some time before answering.

"I believe it will be all right," she said. "I should like to go to town, for we see scarcely anybody here at the mansion."

"Then it is settled," Don Carlos declared. "Let's go."

Don Carlos was pleased, because when Lolita saw the gold, jewels, satin,* and silk in the house of Don Diego Vega, she might accept Don Diego as a husband. He thought he knew women well. Soon they all rode in a carriage pulled by mules into town.

The people whispered about them as they passed. Everyone said that they had lost their money. The servants only remained at the hacienda because their master was so kind. But Dona Catalina

---

hacienda (스페인계 국가의) 대농장 **address** 주소를 쓰다 **pursue** 쫓다, 추격하다 **hesitate** 망설이다 **satin** 공단

and her daughter held their heads proudly, as did Don Carlos, and they greeted the people they knew, and so continued along the highway.

They could see the town in the distance: the plaza, the church, the inn and a few rich houses, like Don Diego's, and the scattered huts of natives and poor folk. The carriage stopped before Don Diego's door, and servants rushed out to make the guests welcome. They went through the rich house then, and even the eyes of Dona Catalina, who had seen many rich houses, widened* at what she saw here in Don Diego's home.

"To think that our daughter can be mistress* of all this!" she gasped.

Lolita said nothing. Two halves of her might were fighting. She could have wealth and position, and the safety and good fortune of her parents and a lifeless man for a husband. Or she could have romance and ideal* love she craved.*

Don Carlos left the house and crossed the plaza to the inn, where he met several gentlemen. But they feared, he supposed, to appear openly friendly to him because the governor didn't like him.

"You are in town on business?" one asked.

"No, this morning Don Diego Vega sent out to me a request that I bring my family here and make use of his house until they catch Zorro. Don Diego has gone to his farm, but will return within a short time."

The eyes of those who heard opened a bit at that.

"Don Diego was out to visit me yesterday morning," he continued.

"Your daughter is very beautiful, isn't

---

widen 넓히다 mistress 여주인 ideal 이상적인 crave 갈망하다

she, Don Carlos Pulido?"

"She is called beautiful, I believe," Don Carlos admitted.*

Those around him glanced at one another. They realized Don Diego Vega was seeking to wed Lolita Pulido. That meant that Pulido's fortunes would soon be large again. So now, they crowded around him and began to ask him about his farm. One of these men begged that Don Carlos and his wife visit his house that evening for music and talk. Don Carlos graciously* accepted the invitation. Dona Catalina had been watching from a window.

"Everything goes well," he said. "They have met me with open arms. And I have accepted an invitation to visit tonight."

"But Lolita?" Dona Catalina protested.*

"She must remain here, of course."

Lolita curled up on a couch and began

to read one of the poetry* books she found in Don Diego's house while her parents were gone. Each poem was about love, romance, and passion. How could this be Don Diego's book? When she looked at more of the books, her surprise increased. There were many books about love, horse-riding, and warriors.* Don Diego was something of a puzzle, she told herself for the hundredth time; and she went back and began reading the poetry again.

Then Captain Ramon hammered* at the front door.

---

admit 인정하다 **graciously** 정중하게 **protest** 이의를 제기하다 **poetry** 시집 **warrior** 전사 **hammer** 쾅쾅 두드리다

Chapter 13

Love Comes Swiftly[*]

돈 카를로스 부부가 저녁 초대를 받아 집을 비운 사이 라몬 대장이 집에 들이닥쳐 롤리타를 희롱한다. 이때 조로가 나타나 라몬 대장에게서 롤리타를 구해 주고 롤리타는 조로에게 사랑한다고 고백한다.

"Don Carlos and his wife are out on a visit this evening," the butler[*] told the captain at the door.

"In that case, I shall greet the young miss," Captain Ramon said.

"Pardon me, but the little lady is alone."

"Am I not a proper man?" the captain

demanded.*

"It is not right for her to meet a young man alone."

"Out of my way, scum*! Cross* me and you shall be punished."

The face of the butler went white.

"But sir," he protested.

Captain Ramon pushed him aside with his left arm and entered the big living room. Lolita sprang up in alarm when she saw him standing before her.

"I regret that your parents are absent,* but I must have a few words with you. You shouldn't be afraid of a man with an injured arm."

"It is scarcely proper, is it, sir?" the girl asked, a bit frightened.

"I feel okay," he said.

He went across the room and sat down

---

swiftly 신속하게 **butler** 집사 **demand** 다그치다, 요구하다 **scum** 인간쓰레기 **cross** 방해하다, 훼방 놓다 **absent** 부재 중인

on one end of the couch and admired her beauty frankly.

"Go to your kitchen!" Captain Ramon said to the native servant.

"No, allow him to remain," Lolita begged.

"Go," he commanded again.

The servant went.

Captain Ramon turned toward the girl again, and smiled upon her.

"You are more beautiful than ever. I really am glad to find you alone, because there is something I would say to you."

"What can that be?"

"Last night at your father's hacienda I asked his permission to court you. I would have you for my wife. Your father consented,* except that he said Don Diego Vega also had received permission. So it appears that it lies between Don Diego and me. Certainly Don Diego Vega is not the man for you. He has no courage or spirit."

"You speak badly of* him in his own house?"

"I speak the truth. Can't you look upon me with kindness? Can't you give me hope that I may win your heart and hand?"

"Captain Ramon, this is not proper, and you know it. I beg you to leave me now."

"I will wait for your answer."

Why was this man so bold in his words?

"You must leave," she said firmly. "This is all wrong, and you are aware of* it."

"Nobody will come. Can't you give me an answer?"

"No!" she cried, starting to get to her feet. "It is not right that you should ask it. My father, I assure* you, shall hear of this visit!"

"Your father," he sneered.* "I don't fear

---

consent 동의하다 speak badly of ~을 험담하다 be aware of ~을 알다
assure 확신하다 sneer 코웃음 치다, 비웃다

your father. The governor hates him. He should be proud of the fact that Captain Ramon looks at his daughter. Do not run away," he said, clutching* her hand. "I have done you the honor* to ask you to be my wife."

"Done me the honor!" she cried angrily, and almost in tears.

"I like you when you're angry," he said. "You will wed me, of course. I shall get some of your father's land back. I shall take you to San Francisco de Asis, to the governor's house, where you will be admired."

"Let me go!"

She pulled away from him.

"Wed with you?" she cried. "I would rather be single my whole life! I would rather wed a native! I would rather die than marry you!"

"You don't have a choice. Your father is

ruined.*"

"Don Diego shall hear of this. He is my father's friend."

"And you would wed the rich Don Diego just to get your father money? You would not wed an honorable* soldier, but you would sell yourself!"

Like a flash* of lightning her hand went forward and slapped Ramon across the cheek. Then she sprang backward, but he grasped her by an arm and pulled her toward him.

"I shall take a kiss to pay for that," he said.

She fought him, striking* and scratching at his breast, because she could not reach his face. But he only laughed at her, and held her tighter.

---

clutch 움켜쥐다　**do ~ an honor** ~의 면목을 세워 주다　**ruin** 파산하다
honorable 명예로운, 고결한　**flash** 섬광　**strike** 치다, 때리다

"A kiss in payment,*" he said.

She tried to fight again, but could not. Captain Ramon laughed more and bent his head, and his lips came close to hers. But he never claimed the kiss. She started to pull away from him again, and he was forced to strengthen his arm and pull her forward. And from a corner of the room there came a voice that was deep and stern.*

"One moment, sir!" it said.

Captain Ramon released the girl and turned. Lolita happily cried out.

Then Captain Ramon cursed, for Zorro stood before him.

He realized that he could not fight Zorro because of his injured harm. Zorro was walking toward him from the corner.

"I may be a thief, but I respect women," he said. "What are you doing here, Captain Ramon?"

"And what are you doing here?"

"I heard a lady's scream.* How shall I punish you?"

"Butler! Natives!" the captain shouted suddenly. "Zorro is here! A reward if you take him!"

The masked man laughed. "They will not help you."

"How can you threaten an injured man?"

"Go down upon your knees and apologize to this lady. And then you will go from this house and never speak of what happened here. If you do not, I promise to kill you."

"Ha!"

"On your knees!" commanded Zorro again, in a terrible voice. He sprang forward and grasped Captain Ramon by

---

payment 보상, 지불 **stern** 엄격한, 단호한 **scream** 비명

his good shoulder, and threw him to the floor.

"Tell the lady that you humbly beg her forgiveness. Say it, or it will be the last time you speak!"

Captain Ramon said it. And then Zorro grasped him by the neck and lifted him, and threw him out the door into the darkness. Zorro closed the door as the butler came running into the room and stared in fright* at the masked man.

"Oh, thank you!" Lolita cried. "I shall tell my father this good deed* you have done. Butler, get him wine!"

The butler obeyed* the order.

"Sir, you have saved me from insult.* You have saved me from the pollution* of that man's lips. I offer you freely the kiss he would have taken."

She put up her face and closed her eyes.

"And I shall not look when you raise

your mask," she said.

"Give me your hand but not your lips."

"You shame* me."

"You shall feel no shame," he said.

He bent swiftly, raised the bottom of his mask, and touched lightly her lips with his.

"I wish I were an honest man. My heart is filled with love for you."

"And mine with love for you."

"This is madness.* None must know."

"I would not fear to tell the world, sir."

"What about your father and his fortunes and Don Diego?"

"I love you, sir."

"You have a chance to be a great lady. Don't give that up."

"It is love. And a Pulido does not love twice."

"It is madness!"

---

fright 공포, 경악 **deed** 행위, 행동 **obey** 복종하다, 따르다 **insult** 모욕, 창피
pollution 오염 **shame** 창피를 주다 **madness** 광기, 미친 짓

"Sweet madness!"

He pulled her to him and bent his head again, and again she closed her eyes and took his kiss, only this time the kiss was longer. She made no effort to* see his face.

"What hope can we have?"

"Go before my parents return. And turn honest. No man knows your face, and if you take off your mask forever, none ever will know your guilt.* It is not as if you were an ordinary* thief. I know why you have stolen. I know that you have given what you have stolen to the poor."

"But my task is not yet finished."

"Then finish it, and may the saints* guard you. And when it is finished, come back to me. I shall know you no matter what clothes you wear."

"I shall see you often, but I must go."

"On guard, sir!"

"Always, loved one!"

Captain Ramon Writes a Letter

라몬 대장은 롤리타가 자신을 거부했던 일과 그 때문에 조로에게 창피를 당한 일에 화가 나서 풀리도 집안과 베가 집안을 모함하는 내용이 담긴 편지를 총독 앞으로 쓰면서 만족스러워한다.

Captain Ramon ran through the darkness back to the base. He was filled with rage. There remained at the base no more than half a dozen soldiers. Four were sick and two were guarding the others.

---

make an effort to ~하려고 애쓰다 **guilt** 범죄 행위, 유죄 **ordinary** 보통의
saint 성인

So Captain Ramon could not send men down to the Vega house to capture Zorro. Moreover, he thought that Zorro would probably ride away soon. Besides, Captain Ramon had no wish to let others know about what had happened with Lolita.

The captain decided it was better to say nothing of the occurrence.* He supposed that Lolita and the butler would tell her parents, but he doubted whether Don Carlos would do anything about it. Don Carlos would think twice before insulting an officer of the army. Ramon only hoped that Don Diego would not learn much of the happening, for the Vegas were a powerful family.

Walking back and forth, Captain Ramon's anger grew, and he thought on these things and many others. He knew that the governor was always looking to take money from rich men so he could continue to live well. Couldn't the captain suggest that the Vega family was no longer loyal to the government? Couldn't he make the governor hate their family like he hated the Pulidos?

At least he could do one thing, he decided. He could have his revenge on* Lolita. Captain Ramon grinned.* He began to write a letter to the governor at his mansion in San Francisco de Asis.

This is what he wrote:

Although I have been unable to capture Zorro, I have found some important information about him. Most of my soldiers are off seeking to kill or capture him at this moment. But Zorro does not fight alone. Some of the people of Reina de Los Angeles have given food and drink and, no doubt,

---

occurrence 사건, 일어나는 일   **have one's revenge on** ~에게 복수하다
grin 씩 웃다

fresh horses to him.

The other day he visited the mansion of Don Carlos Pulido. I sent men there and went myself. While my soldiers were searching for him, the man came from a closet in the living room at Don Carlos's house and attacked me. He wounded me in the right shoulder, but I fought him off until he became frightened and escaped. It was clear that Don Carlos had helped him and given him food.

The Pulido mansion is an excellent place for such a man to hide. I fear that Zorro hides there sometimes. I may add that Don Carlos scarcely treated me with respect while I was in his presence,[*] and that his daughter, Miss Lolita, seems to admire this man.

It also seems that a famous and wealthy family of this neighborhood is no longer to Your Excellency.[*] But this is something I must tell you in person.*

With deep respect,

Ramon, Captain, Reina de Los Angeles

Ramon grinned again as he finished the letter. That last paragraph,* he knew, would get the governor guessing. The Vega family was the only famous and wealthy one that would fit the description.* As for the Pulidos, Captain Ramon imagined what would happen to them. Lolita would need him to protect her from the governor's punishment.

Now Ramon made a copy of the letter to keep for himself. Having finished the copy, he folded the original* and sealed* it. He supposed that Zorro was miles away by this time, but he was mistaken in that,

---

in one's presence ~의 면전에서   Your Excellency 각하, 총독   in person 직접   paragraph 문단   description 묘사, 설명   original 원본   seal 봉하다

because Zorro had not hurried away after leaving the house of Don Diego Vega.

Chapter 15

At the Base

라몬 대장을 살피러 그의 사무실로 간 조로는
음모가 담긴 편지의 사본을 발견하고
그를 추궁하고 다시는 그런 일이 없도록 다짐시킨다.
그러던 중 조로는 사무실에 들른 곤잘레스 상사와 마주친다.

Zorro had gone a short distance through the darkness to where he had left his horse in the rear of* a native's hut.

He heard a horse leaving the military* base and laughed. He knew that there was

---

in the rear of ~의 뒤에서　**military** 군대의

only one man that was not sick or injured now at the base. He brought his horse up to the hill behind the base and left it there to wait for him. Now he crept* through the darkness to the wall of the building and made his way around it carefully until he came to a window. He peeked* inside.

It was Captain Ramon's office that he looked into. He saw the captain sitting before a table and reading a letter which, it appeared, he had just finished writing. Captain Ramon was talking to himself.

"That will cause trouble for the pretty lady," he was saying. "When her father is in jail, then perhaps she will listen to what I have to say."

Zorro guessed instantly that Captain Ramon had planned revenge. Beneath his mask the face of Zorro grew black with rage. He moved along the wall until he came to the corner of the building. In that corner, he could see the only guard who was not sick. There was a pistol in his belt and a sword at his side.

Zorro watched the guard walk back and forth. Just as the guard turned his back from where Zorro was hiding, he jumped on him. His hands closed around the soldier's throat as his knees struck the man in the back. Instantly they were upon the ground. Zorro silenced the soldier by striking him on the temple* with the heavy butt* of his pistol.

He pulled the unconscious* soldier back into the shadows and tied him up and covered his mouth. Then he listened a moment to be sure the short fight with the soldier had not attracted the attention of* any inside the building, and snuck once more toward the door.

---

creep 살금살금 기다 **peek** 훔쳐보다 **temple** 관자놀이 **butt** 개머리판
unconscious 무의식의 **attract the attention of** ~의 관심을 끌다

He was inside in an instant. Here were some long tables and beds. Zorro snuck toward the captain's office. He made sure that his pistol was ready and then threw the door open boldly. Captain Ramon was seated with his back toward it. The captain suddenly turned around.

"Not a sound," Zorro warned. "I will shoot you if you speak."

He kept his eyes on those of the captain, closed the door behind him, and walked into the room.

"What are you doing here?" the captain whispered. His face had turned white.

"I heard you talking about that letter you just wrote. I want to read it."

"Does my military business interest you that much?"

"Don't move or I will shoot you," Zorro warned.

The captain didn't move, and Zorro

went forward cautiously and snatched up* the letter. Then he retreated a few steps. He read swiftly, and when he had finished he looked the captain straight in the eyes for some time without speaking. Captain Ramon began to feel more uncomfortable.

Zorro stepped across to the table, still watching the other, and held the letter to the flame* of a candle. It caught fire and turned to ash.*

"The letter will not be delivered," he said. "You insult a lady because her father, for the time being, is not friendly with those in power. Because she rejects you as you deserve, you cause trouble for the members of her family. You are disgusting.*"

He took a step closer, still holding the pistol ready before him.

---

snatch up 잡아채다 **flame** 불꽃 **ash** 재 **disgusting** 역겨운, 혐오스러운

"Let me not hear of you sending any letter similar to* the one I have just destroyed," he said. "I regret at the present time that you are unable to fight me."

"You speak bold words to a wounded man."

"No doubt the wound will heal. When that happens, I will fight you again and punish you for this. Let that be understood between us."

Suddenly they heard the sound of horses and the voice of Sergeant Pedro Gonzales.

"Do not dismount*!" the sergeant was crying to his men at the door. "I have only stopped to make a report! Then we shall leave again!"

Zorro glanced quickly around the room, because he knew escape by the entrance was cut off now. Captain Ramon watched him with anticipation.*

"Ho, Gonzales!" he shrieked before Zorro could warn him against it. "Zorro is here!"

"Remain where you are!" Zorro commanded the captain, and he ran toward the nearest window.

The big sergeant had heard, however. He called upon his men to follow, and rushed across the large room to the door of the office and threw it open.

"We have him!" Gonzales cried. "Get in here! Guard the doors!"

Zorro held his pistol to his left hand, and had taken out his sword. Now he swept it forward and sideways, and the candles were struck from the table. The room was in darkness.

"Lights! Bring a torch*!" Gonzales shrieked.

---

similar to ~와 비슷한 **dismount** (말 등에서) 내리다 **anticipation** 기대
torch 횃불

Zorro sprang aside, against the wall, and made his way around it rapidly. Gonzales and two other men sprang into the room, and one remained guarding the door.

The man with the torch came rushing through the door finally. He shrieked and went down with a sword blade through his chest, and the torch fell to the floor and was put out.

"Catch the thief!" the captain was shrieking. "Can one man make fools of* all of us?"

Then he stopped speaking, for Zorro had grasped him from behind and choked him.

"Soldiers, I have your captain! I am going to carry him before me and back out the door. I am going to cross the other room and go outside of the building. If one of you attacks me, I will shoot your captain in the head."

The captain could feel cold steel at the back of his head, and he shrieked for the men to be careful. And Zorro carried him to the doorway and backed out with the captain held in front of him as he moved outside. He was somewhat afraid of the men outside, for he knew that some of them had run around the building to guard the windows.

Gonzales and the soldiers were before him, spread* out across the room, waiting for a chance to attack Zorro. Gonzales held a pistol in his hand and was watching for an opportunity to shoot without endangering* the life of his captain.

"Back!" Zorro commanded now. Suddenly he pushed the captain forward, darted into the darkness, and ran toward his horse with the soldiers following

---

make a fool of ~을 놀리다 **spread** 펼치다 **endanger** 위태롭게 하다

and shooting him. They could hear his laughter ringing in the dark night.

Chapter 16

The Chase That Failed

라몬 대장을 인질 삼아 밖으로 나온 조로는
곤잘레스 상사와 그 부하들의 추격을 받는다.
그러나 조로의 명마는 그들의 추격을 유유히 따돌리고
곤잘레스 상사는 주변 지역을 샅샅이 수색한다.

Zorro charged his horse down the hill. Sergeant Gonzales and some of the men followed him, while others galloped off right and left, planning to wait for him when he reached the bottom and turned.

Zorro, however, took the trail toward San Gabriel at a furious gallop, while the soldiers followed along behind.

Zorro's horse was fresh and strong, while those ridden by the soldiers had covered many miles during the day, so he had a chance to escape. So they rode for some five miles, the soldiers holding the distance, but not getting any closer to him, and Zorro knew that soon their horses would weaken. Only one thing bothered him. He wanted to be traveling in the opposite direction.

The hills around them made it impossible for him to turn somewhere. He also knew that if he climbed a hill, it would make him slow down. So he rode straight ahead, knowing that two miles farther up the valley there was a trail that went up to the right. Suddenly he remembered hearing that the rain had caused a landslide.* So he could not use that trail even when he reached it; and now a bold thought came to his mind.

He looked behind him and saw that there were two soldiers riding side by side ahead of the other soldiers. It would help his plan.

He dashed around a bend in the highway and stopped his horse. He turned the animal's head back toward the way he had come. When he could hear the hoof beats of the two soldiers' horses, he suddenly struck his horse with his sword.

The animal had never been hit like that before, so he jumped forward like a thunderbolt,* running straight for the two soldiers.

"Make way!*" Zorro cried.

The first man immediately moved out of the way and screamed at the soldiers behind them. Zorro clashed swords with

---

landslide 산사태 **thunderbolt** 벼락, 낙뢰 **make way** 비켜 주다

the second man and rode on. He dashed around another curve,* and his horse knocked another man down.

The soldiers in front of him were all spread far apart. He ran through them like a maniac* and cut those in his way down with his sword. Finally Zorro knocked the sergeant off his horse. And then Zorro was through them and gone, and they were following him again, but further away than before.

He allowed his horse to go somewhat slower now. He climbed up a hill and watched the men run past.

He passed the mansion of a man friendly to the governor. The sergeant and his men decided to stop there and ask for fresh horses. Magnificent* horses were there, and all were fresh. The soldiers quickly changed horses and began to follow him again.

Three miles away, on a small hill, there was a mansion owned by some friars. The governor had been threatening to take it away from the friars. In charge of this mansion was Friar Felipe. Gonzales knew the trail they were following led to this mansion. Just beyond it there was another trail that split,* one part going to San Gabriel and the other returning to Reina de Los Angeles.

The sergeant wondered if Zorro would pass the house or stay there. It was well known that Zorro had helped the friars in the past. Maybe he would stop and seek help from them. The soldiers could see no light coming from the mansion. Gonzales stopped them and made them listen for sounds from the mansion. He dismounted and inspected the dusty road. He could

---

curve 굽이진 길, 만곡부   **maniac** 미친 사람   **magnificent** 장대한, 훌륭한
split 갈라지다

not see any footprints. He told his soldiers to search the area, including the barns and the natives' huts.

Then Sergeant Gonzales rode straight up to the door and knocked on it with his sword.

Chapter 17

Sergeant Gonzales Meets a Friend

조로를 쫓는 데 실패한 곤잘레스 상사는
조로와 친분이 있다는 수도원으로 가서 행패를 부린다.
그러다 수도원 안에 있는 돈 디에고를 우연히 만나게 되어
펠리페 수도원장에게 퍼붓던 심한 추궁을 멈춘다.

Friar Felipe, a big man in his sixties, answered the door with a candle.

"What is all this noise?" he demanded in his deep voice.

"We are chasing Zorro," Gonzales said.

"And you expect to find him in this poor house?"

"Stranger things have happened. Have you heard a horseman gallop past within a short time?"

"I have not."

"And has Zorro paid you a visit recently?"

"I have heard that he seeks to aid the oppressed, but I have never met him."

"You are bold in your words."

"I speak the truth, soldier."

"I do not like the tone of your words!"

"You shouldn't threaten me!"

"Whatever you say. You are sure that you have not seen a masked fiend* who goes by the name of* Zorro?"

"I have not, soldier."

"I shall have my men search your house."

The sergeant got down from his horse. The others dismounted, too.

Then Gonzales stamped* through the

door with the others following, as Friar Felipe protested.

From a couch in a far corner of the room there arose a man, who stepped into the light.

"Is that you, sergeant?" he cried.

"Don Diego! You're here?" Gonzales gasped.

"I have been at my mansion looking over business affairs, and I rode over to spend the night with Friar Felipe, who has known me from childhood. Is there no place in this country where a man may have peace from Zorro business?"

"Don Diego, you are my good friend. Tell me, have you seen Zorro tonight?"

"I have not, my sergeant."

"You did not hear him ride past the mansion?"

---

fiend 극악한 사람　**go by the name of** ~라는 이름으로 통하다　**stamp** 쿵쾅거리며 걷다

"I didn't. But a man could ride past and not be heard here in the house. Friar Felipe and I have been talking together."

"Then the thief has ridden on and taken the trail toward the town!" the sergeant declared.

"You had him in view?" Don Diego asked.

"Ha! We were close to him, but he has twenty men with him."

"You say he has twenty men?"

"Yes! But soon I will get him face to face."

"You will tell me of it afterward?" Don Diego asked, rubbing his hands together. "Now that we understand each other, perhaps Friar Felipe will give food to you and your men. After such a chase, you must be tired."

"Wine would taste good," the sergeant said.

His corporal came in then to report that the huts and barns had been searched. They could find no trace of Zorro or his horse.

Friar Felipe served the wine reluctantly.*

"And what shall you do now, my sergeant?" Don Diego asked.

"It seems that he has turned back toward Reina de Los Angeles," the sergeant replied. "He thinks he is clever, no doubt, but I can understand his plan."

"Ha! And what is it?"

"He will ride around Reina de Los Angeles and take the trail to San Luis Rey. He will rest for a time, no doubt, and then he will go to Capistrano."

"What will you and the soldiers do?" Don Diego asked.

"We shall follow him leisurely.* We shall

---

reluctantly 마지못해 **leisurely** 느긋하게

wait until we hear about something he has done, and then we will be close enough to follow him. There shall be no rest for us until we catch or kill him."

"And you have the reward," Don Diego added.

"The reward will be nice. But I seek revenge, also. He disarmed me once."

"Ah! That was the time he held a pistol in your face and forced you not to fight too well?"

"That was the time, my good friend."

"It's times like these that make me want to ride out into the wildness. There I could meditate* alone with the coyotes and snakes."

"Why are you always thinking? You should fight sometimes. What you need is a few bitter enemies."

"Don't say that!" Don Diego cried.

"It is the truth! You should be a real

man!"

"You almost persuade* me, my sergeant. But no! It would make me too tired."

Gonzales growled* something and got up from the table.

"I have no special liking for* you, friar, but I thank you for the wine, which was excellent," he said. "We must continue our journey. A soldier's duty never is at an end while he lives."

"Do not speak of journeys!" Don Diego cried. "I must make one myself tomorrow. My business at the mansion is done, and I go back to town."

"Let me express the hope, my good friend, that you survive the hardship,*" Sergeant Gonzales said.

---

meditate 사색하다　**persuade** 설득하다　**growl** 투덜대다　**have no special liking for** 특히 ~을 싫어하다　**hardship** 곤란, 고충

Chapter 18
Don Diego Returns

돈 디에고는 집으로 돌아와 풀리도 집안사람들을 만난다.
자신이 집을 비운 사이 라몬 대장이 억지로 들어와
롤리타를 욕보였다는 소식을 듣게 된 돈 디에고는
롤리타에게 유감의 뜻은 전하지만 그리 분개하는 기색이 없다.

Lolita had to tell her parents, of course, what had happened and would tell Don Diego when he returned. The butler, having been sent for wine, did not know about how Lolita confessed* her love for Zorro.

So the girl told her father and mother

that Captain Ramon had come over, tried to force her to kiss him, and then Zorro came. She told them that he made him apologize, threw him out of the house, and hurried away.

Don Carlos wanted to challenge the captain to a duel for the insult. But his wife reminded him that it was not a good idea. The captain might kill him, and it was best for the townspeople not to know about what had happened.

So Don Carlos complained to himself and wished he were ten years the younger. He promised that when his daughter wedded Don Diego, he would see that Captain Ramon was disgraced* and his uniform torn from his shoulders.

Lolita listened to her father's words and felt conflicted.* Of course, she could

---

confess 고백하다   **disgrace** 망신시키다   **conflicted** 갈등을 겪는

not wed Don Diego now. She had given her love to another. In vain* she tried to convince* herself that she did not really love him. She was not prepared yet to tell her parents of the love that had come into her life. It might shock them and cause them to send her away.

She crossed to a window and gazed* out at the plaza and she saw Don Diego approaching in the distance. Don Carlos and his wife were upon their feet to greet him, smiling, for they remembered being accepted again into society the evening before. They knew it was because they were Don Diego's house guests.

"I regret that I was not here when you arrived," Don Diego said. "When my work at the mansion was done, I rode as far as the place of Friar Felipe to spend the night in quiet. But as we were about to sleep, Sergeant Gonzales and a troop of soldiers entered the house. It appeared that they had been chasing Zorro, and had lost him in the darkness!

"The noisy fellows were with us an hour or more, and then continued the chase. And because of what they had said of violence, I endured* a horrible nightmare, so got very little rest. And this morning I was forced to continue to Reina de Los Angeles."

"You have a difficult time," Don Carlos said. "Zorro was here, in your house, before the soldiers chased him."

"What?" Don Diego cried, sitting up straight in his chair. "Please continue."

"While we were gone, Captain Ramon came over. He was informed we were absent, but he forced his way into the house and harassed* our daughter.

---

in vain 허사가 되어 **convince** 확신시키다, 설득하다 **gaze** 응시하다
endure 참다 **harass** 괴롭히다

Zorro came in and forced the captain to apologize and then drove him away."

"Well, that is what I call a pretty thief!" Don Diego exclaimed. "Is Lolita upset?"

"Indeed, no," said Dona Catalina. "I shall call her."

Dona Catalina went to the door of the room and called her daughter, and Lolita came into the room and greeted Don Diego.

"I am so sorry that you were insulted in my house," Don Diego said. "I shall consider what to do."

Dona Catalina made a motion* to her husband, and they went to a far corner to sit, which seemed to please Don Diego, but not Lolita.

Chapter 19

Captain Ramon Apologizes

돈 디에고의 미적지근한 태도에 분개한 롤리타는
디에고의 애정과 사내답지 못한 태도를 비난한다.
이에 디에고는 라몬 대장에게 항의하러 길을 나서지만
진심이라고는 없는 라몬 대장의 사과를 받고 만족한다.

"Captain Ramon is a beast!" the girl said in a voice not too loud.

"He is a worthless* fellow," Don Diego agreed.

"Is that all you have to say about it?"

---

motion 손짓, 신호   worthless 보잘것없는

"I cannot use bad words in your presence, of course."

"You do not understand? This man came into your house, and insulted the girl you have asked to be your wife."

"When next I see the governor, I shall ask him to remove the officer to some other post.*"

"Oh!" the girl cried. "Have you no spirit at all? If you were a proper man, you would fight him for my honor."

"It is so tiring to fight," he said. "Let us not speak of violence. Let us talk of something else. My father will be after me again soon to know when I am going to take a wife. Have you decided upon the day?"

"I have not said that I would marry you," she replied.

"Have you looked at my house? I shall make it satisfactory* to you, I am sure. You shall have a new carriage and anything you may desire.*"

"Is this how you are trying to win my love?" she asked.

"Must I play the guitar, and make pretty speeches? Can you not give me your answer without all that foolishness?"

She wished that Zorro was here instead of Don Diego.

"I must speak frankly to you," she said. "I have searched my heart, and in it I find no love for you. I am sorry, for I know what our marriage would mean to my parents. But I cannot wed you, Don Diego, and it is useless for you to ask."

"I had thought it was about all settled,*" he said. "Do you hear that, Don Carlos? Your daughter says she cannot wed with me!"

---

post 부대, 주둔지 **satisfactory** 만족스러운 **desire** 바라다 **settle** 결정하다

"Lolita, go to your room!" Dona Catalina exclaimed.

The girl did so gladly. Don Carlos and his wife hurried across the room and sat down beside Don Diego.

"I fear you do not understand women, my friend," Don Carlos said. "Never must you take a woman's answer for the last. She always may change her mind. In the end, I am sure, you shall have your way."

"It is beyond me!" Don Diego cried. "What shall I do now? I told her I would give her all her heart desired."

"Her heart desires love, I suppose," Dona Catalina said.

"Nonsense!"

"It is what a maiden expects. Don't speak of marriage for some time. Let the idea grow on her."

"But my father might come any day and ask when I am to take a wife. He has rather ordered me to do it."

"No doubt your father will understand," said Don Carlos. "Tell him that her mother and I are on your side."

"I believe we should return to the mansion tomorrow," Dona Catalina put in. "Lolita has seen this splendid* house, and she will contrast* it with ours. She will realize what it means to marry you."

"I do not wish to have you hurry away."

"I think it would be best under the circumstances.* And visit us in three days, and I'm sure you will find her more willing to listen to you."

"I think you know best," Don Diego said. "But you must remain at least until tomorrow. And now I think I shall go and see this Captain Ramon."

Don Carlos thought that such a thing

---

have one's way ~의 뜻대로 하다   splendid 화려한, 눈부신   contrast 대조하다   under the circumstances 그런 사정으로 볼 때

would not be good for a man who did not practice with the blade and knew little of fighting. But even if a man went to his death, it was all right so long as he believed he was doing the proper thing. So Don Diego went from the house and walked slowly to the captain's office. The captain was surprised that Don Diego had no sword at his side.

"I have been informed that you visited my house during my absence, and insulted a young lady who is my guest."

"Indeed?" the captain said.

"Were you in a fever because of your injury, captain?"

"Undoubtedly," Ramon said.

"A fever is an awful* thing. But you insulted the lady and me."

"I entered your house seeking news of Zorro," the captain lied.

"You found him?" Don Diego asked.

"The fellow was there and he attacked me," he replied. "I was wounded, of course, and wore no weapon. We shall get him yet," the captain promised. "But you should think about how Zorro attacked me at Don Pulido's house."

"Ha! What do you mean?"

"Again, last night, he was in your house while you were gone and the Pulidos were your guests. It begins to look as if Don Carlos has a hand in* the work of Zorro. I am almost convinced that Don Carlos is a traitor* and is helping him. Do you really want to marry his daughter?"

"Can it be possible?" Don Diego gasped. "I am at the point of* forgetting all about the insult!" he exclaimed. "What have you to say, my captain, regarding* the events of last night?"

---

awful 끔찍한 **have a hand in** ~을 돕다 **traitor** 반역자, 배신자 **be at the point of** ~할 뻔하다 **regarding** ~에 대해

"I apologize to you most humbly," Captain Ramon replied.

"I suppose that I must accept your apology. But please do not let such a thing happen again. You frightened my butler badly, and he is an excellent servant."

Then Don Diego Vega bowed again, and Captain Ramon laughed. It seemed that Don Diego did not have enough spirit to be a traitor!

Chapter 20

Don Diego Shows Interest

디에고는 군인들에게 끌려오는 펠리페 수도사를 본다.
사악한 판사와 가죽 상인의 공모로
펠리페 수도사는 질 나쁜 가죽을 속여 팔았다는 죄목으로
15대의 채찍질을 당하는 태형을 선고 받는다.

The rain did not come that day or that night. Soon after the morning meal, Don Carlos and his wife and daughter prepared to depart for their own mansion.

"What shall I say to my father about there being no marriage?"

"Do not give up hope," Don Carlos

advised him. "A woman changes her mind as often as she does her hair."

Don Carlos intended* having a serious talk with Lolita once they were home, and possibly might decide to force her to marry Don Diego. After the Pulidos left, Don Diego left the house to cross the plaza and entered the tavern. The fat innkeeper rushed to greet him. From the window of the tavern, he saw two men on horses and between their horses walked a third man. Don Diego could see that ropes ran from this man's waist to the saddles of the horsemen.

"What is that?" he exclaimed, getting up from the bench and going closer to the window.

"The man is to go before the judge* immediately for his trial.* He wished his trial at San Gabriel, but that was not allowed."

"Who is the man?" Don Diego asked.

"He is called Friar Felipe."

"What is this? Friar Felipe is an old man, and my good friend."

Don Diego showed some slight interest now. He walked from the tavern and went to the office of the judge. The horsemen were just arriving with their prisoner.*

It was Friar Felipe. He had been forced to walk the entire distance while the soldiers stayed on horseback.* Friar Felipe's gown was almost in rags, and was covered with dust and sweat. Those who crowded around him now taunted him, but the friar held his head proudly.

The soldiers dismounted and forced him into the judge's office. Don Diego entered, pressing through the crowd.

"What is this we have here?" Don Diego

---

intend 작정이다, 의도하다 judge 판사 trial 재판 prisoner 죄수 on horseback 말을 타고

demanded. "This is Friar Felipe, a godly man and my friend."

"He is a thief," one of the soldiers retorted.*

"If he is, then we can put our trust in no man," Don Diego said.

Then Don Diego sat down, and the trial started. The man who made the complaint* was an evil-looking man who sold hides* and animal skins.

"I bought some hides from this man. He charged me twenty pieces of gold. But when I looked at them they were damaged* and not good."

"The hides were good," Friar Felipe put in. "I told him I would return the money when he returned the hides."

"They were spoiled,*" the dealer* declared. His assistant* agreed with the dealer.

"Do you have anything to say, friar?" the

judge asked.

"It doesn't matter. I already am found guilty* and sentenced.* You are only treating me this way because I am a friar and I do not serve the corrupt* governor."

"You speak treason*?" the judge cried.

"I speak truth."

The judge frowned.* "Just because this man is from the church doesn't mean he can do whatever he wants. The friar must repay* the man the price of the hides. He shall be whipped* fifteen times as punishment.*"

---

retort 말대꾸하다, 쏘아붙이다   make a complaint 고소하다   hide 큰 짐승의 가죽   damage 손상시키다   spoil 망가뜨리다, 손상시키다   dealer 상인   assistant 조수   guilty 유죄의   sentence 형을 선고하다   corrupt 부패한   treason 반역(죄), 배신   frown 눈살을 찌푸리다   repay 갚다, 상환하다   whip 채찍질하다   punishment 처벌

Chapter 21

The Whipping

펠리페 수도사는 저항해 보지만
결국 피투성이가 되어 다른 수도사의 도움을 받고 떠난다.
아무런 조치도 취하지 못하고 수도사가 당하는 치욕을 지켜보던
돈 디에고는 그를 따라가 위로의 뜻을 전한다.

The natives applauded.* Don Diego's face went white. The office was cleared, and the soldiers led the friar to the middle of the plaza. Don Diego observed that the judge was grinning.

They tore Friar Felipe's robe from his back and started to tie him to the post.*

But the friar, even though he was old, was still very strong. Suddenly he turned to the soldiers and grabbed the whip from the ground.

"Stand back!"

He lashed out* with the whip. He cut a soldier across the face. He struck* at two natives who sprang toward him. And then the crowd was upon him, beating him down, kicking and striking at him. Don Diego Vega felt moved to action. He rushed into the middle of the crowd. But he felt a hand grasp his arm, and turned to look into the eyes of the judge.

"The man has been sentenced properly. If you help him, you betray* the governor. Have you stopped to think of that, Don Diego Vega?"

Apparently* Don Diego had not. And

---

applaud 박수를 치다 post 기둥, 말뚝 lash out 후려갈기다 strike 때리다
betray 배신하다 apparently 명백히, 분명히

he realized it now. He nodded his head to the judge and turned away. The soldiers had finally tied the friar to the whipping post. The whip was swung through the air, and Don Diego saw blood spurt* from Friar Felipe's bare* back.

He turned his face away then, for he could not bear* to look. He heard the natives laughing and turned back again to find that the whipping was at an end. Friar Felipe was untied* and dropped to the ground at the foot of* the post. The crowd began to move away. Two friars who had followed from San Gabriel aided their brother to his feet and led him aside. Don Diego Vega returned to his house.

"Send me Bernardo," he ordered his butler. Bernardo was a deaf-and-dumb* native servant. Within the minute he entered the great living room and bowed before his master.

"After this whipping of old Friar Felipe, Bernardo, let us hope that Zorro, who punishes those who work injustice,* hears what happened and punishes those men."

Bernardo nodded his head. He always nodded his head in that fashion* when Don Diego's lips ceased* to move.

"Bernardo, it is time for me to leave town for a few days. I shall go to the mansion of my father, to tell him I have got no woman to wed me yet. And there, on the wide hills behind his house, may I hope to find some spot* where I may rest. And you, Bernardo, shall accompany me, of course."

Bernardo nodded his head again. He guessed what was to come. The butler had been listening in the other room and had

---

spurt 뿜어져 나오다, 솟구치다 **bare** 맨살의 **bear** 참다 **untie** 풀다 **at the foot of** ~의 발치에(서) **deaf-and-dumb** 농아의 **injustice** 부정, 불공정 **fashion** 방식, 방법 **cease** 멈추다 **spot** 장소 **accompany** 동행하다

heard what was said, and now he gave orders for Don Diego's horse to be made ready. Within a short time Don Diego set out,* Bernardo riding a mule a short distance behind him. They hurried along the highway. From the carriage, he heard Friar Felipe's moans of pain. Don Diego dismounted as it stopped. He went over to it and clasped* Friar Felipe's hands in his own.

"My poor friend," he said.

"It is but another instance* of injustice," Friar Felipe said. "For twenty years we of the Church have worked here. Everything we worked for is now taken by other men. They began taking our lands from us, and the lands we had farmed were turned into gardens and orchards. They robbed us. And they now are persecuting* us. The churchmen here are doomed.* But we can do nothing except submit.* I did forget myself for a moment in the plaza at Reina de Los Angeles, when I took the whip and struck a man. It is our lot* to submit."

"Sometimes I wish I were a man of action," said Don Diego.

"You give sympathy,* my friend. And action expressed in a wrong way is worse than no action at all. Where do you ride?"

"To the mansion of my father, good friend. I had hoped to wed with the Lady Lolita Pulido."

"A worthy* maiden! Her father, too, has faced unjust oppression.*"

"But the lady hates me," Don Diego complained.* "I showed her my house in town and mentioned* my great wealth."

"Did you show her your heart, mention your love, and agree to be a perfect husband?"

Don Diego looked at him blankly.*

"Try it. It may have an excellent effect."

Chapter 22

Swift Punishment

못된 가죽 상인은 선술집에서 흥청망청 술을 마시며
자기의 꾐에 당한 사람들의 이야기를 떠벌린다.
그 후 길을 나선 그는 숲길에서 조로와 맞닥뜨리고
조로는 수도사가 당한 것처럼 채찍으로 그를 마구 때려 준다.

The friar and Don Diego and Bernardo left each other now and continued on their separate* journeys.

Back in town, the hide dealer and the judge were at the tavern spending the

---

blankly 멍하니, 우두커니 **separate** 각자의, 따로따로의

money they had stolen from the friar.

"He is a courageous* old coyote, that friar! Now, last month we whipped one at San Fernando, and he howled* for mercy. It is great sport* when we can make one howl!" the hide dealer shouted.

There was a deal of laughter at that. The innkeeper was very happy because all of the men were spending a lot of money at his tavern.

"Who was the nobleman who showed some mercy toward the friar?" the dealer asked.

"That was Don Diego Vega," the innkeeper replied.

"He will be getting himself into trouble.*"

"Not Don Diego," said the innkeeper. "You know the great Vega family, don't you? Even the governor is afraid of them."

"Then he is a dangerous man?" the

dealer asked.

Everyone laughed.

"Dangerous? Don Diego Vega?" the innkeeper laughed while tears ran down his fat cheeks. "Don Diego does nothing but sit in the sun and dream. He groans* if he has to ride a few miles on a horse. Don Diego is about as dangerous as a lizard basking* in the sun. But he is an excellent gentleman, for all that!" the innkeeper added hastily.

It was almost dusk* when the dealer in hides left the tavern with his assistant.

They made their way to their carriage, and started slowly up the trail toward San Gabriel.

They went over the first hill, and all they could see was the highway twisting before

---

courageous 용감한, 담력 있는　**howl** 울부짖다　**sport** 오락, 재미　**get ~ into trouble** ~을 곤경에 빠뜨리다　**groan** 신음하다　**bask** 해를 쬐다　**dusk** 황혼, 땅거미

them like a great dusty serpent,* and the brown hills.

They made a turn and found a horseman confronting* them.

"Turn your horse!" the dealer in hides cried.

The assistant screamed in fear, and the dealer looked more closely at the horseman. His jaw* dropped.

"Zorro!" he exclaimed. "You would not bother me, Zorro? I am a poor man, and have no money. Only yesterday, a friar overcharged* me for some hides, and I have been to the Reina de Los Angeles seeking justice."

"Did you get it?" Zorro asked.

"The judge was kind. He ordered the friar to repay me, but I do not know when I shall get the money."

"Get out of the carriage, and your assistant also!" Zorro commanded.

Now the dealer saw that the horseman held a pistol in his hand, and he got out of the cart as speedily as possible. They stood in the dusty highway before Zorro, trembling* with fear.

"I have no money with me, kind thief, but I shall get it for you!" the dealer cried.

"Silence, beast!" Zorro cried. "I do not want your money. I know how you lied and had the friar whipped and stole his money. Step forward."

The dealer obeyed while trembling. Zorro dismounted swiftly and walked around in front of his horse. The dealer's assistant was standing beside the carriage, and his face was white.

"Forward!" Zorro commanded again.

The dealer suddenly began to beg for mercy, for Zorro had taken a mule whip

---

serpent 뱀   **confront** 맞서다   **jaw** 턱   **overcharge** 과다 청구하다
tremble 벌벌 떨다

from beneath his long cloak. "Turn your back!" he commanded now.

"Mercy! Am I to be beaten as well as robbed?"

The first blow fell, and the dealer shrieked with pain. The second blow fell, and the dealer in hides went to his knees in the dusty highway. Then Zorro stepped forward and grasped the dealer's mop of hair with his left hand. He beat the man with the whip until his shirt was torn and soaked with* blood.

And then he gave his attention to the assistant. "You must also be taught to be honest and fair.*"

"Mercy!" the assistant howled.

"Did you not laugh when the friar was being whipped?"

Zorro grasped the youth by the nape* of his neck, turned him, and began to beat him. The boy shrieked and then began whimpering.* Finally he finished and tossed* the boy to the ground.

"Let us hope both of you have learned your lesson," he said. "Get into the carriage and drive on. And when you speak of this occurrence, tell the truth, or else I hear of it and punish you again!"

The two men got into the carriage and traveled to San Gabriel.

---

be soaked with ~으로 흠뻑 젖다　**fair** 공정한, 정당한　**nape** 목덜미
whimper 울먹이다, 훌쩍이다　**toss** 툭 던지다

More Punishment

조로는 선술집에서 술을 마시고 있던 판사를 끌고 나와
마을 사람들에게 그를 채찍질하게 한다.
이때 선술집 주인의 배신으로 마을사람들에게 포위를 당하자
조로는 선술집 주인마저도 벌하고 유유히 마을을 빠져나간다.

Zorro rode over to the hill that overlooked* the town and looked down. It was almost dark. Candles had been lit in the tavern and at the military base. He could smell cooked food. Zorro rode on down the hill and dashed up to the tavern door, before which half a dozen men were talking and laughing.

"Innkeeper!" he cried.

None of the men were paying attention to him. The innkeeper hurried out and stepped close to the horse. And then he saw that the rider was masked and that a pistol was threatening him.

"Is the judge within?" Zorro asked.

"Yes, sir!"

"Stand where you are and pass the word to him. Say there is a man here who wishes to speak with him."

The terrified innkeeper shrieked for the judge. The judge came staggering* out. When he saw Zorro, he opened his mouth to shriek, but Zorro warned him.

"Not a sound or you die," he said. "I have come to punish you. I will lash you with a whip like you lashed an innocent*

---

overlook 내려다보다   **stagger** 비틀거리다   **innocent** 무고한, 죄 없는

man. You around the door, come to my side!" he called.

They crowded forward. They were poor men. They didn't notice the mask at first.

"We are going to punish this unjust judge," Zorro told them. "The five of you will seize him now and bring him to the post in the middle of the plaza, and there you will tie him."

The frightened judge began to screech now. They seized the judge by the arms and brought and tied him to the post.

"You will line up,* " Zorro told them. "You will take this whip, and each of you will lash this man five times. I shall be watching. I will shoot you if you don't obey. Begin."

He tossed the whip to the first man, and the punishment began.

"You also, innkeeper," Zorro said.

He picked up the whip, and he

surpassed* the poor men in the strength of his blows. The judge was hanging heavily from the ropes. He was unconscious.

"Unfasten* the man," Zorro ordered. Two men sprang forward. "Carry him to his house," Zorro went on. "Tell the people of the town that this is how Zorro punishes those who oppress the poor and helpless."

The judge was carried away. Zorro turned once more to the innkeeper.

"We shall return to the tavern," he said. "You will go inside and fetch me a mug of wine, and stand beside my horse while I drink it."

But there was fear of the judge in the innkeeper's heart as great as his fear of Zorro. He went back to the tavern, but he sounded the alarm.*

---

line up 줄을 서다 **surpass** 능가하다 **unfasten** 풀다 **alarm** 경보

"Zorro is outside," he whispered at those nearest the table.

Then he began to pour the wine as slowly as possible. There was sudden activity inside the tavern. About six men got their swords ready and snuck toward the door, and one of them readied a pistol. Zorro, sitting his horse some twenty feet from the door of the tavern, suddenly saw the men rush out the door and heard a pistol being shot near his head.

The innkeeper was standing in the doorway, praying that Zorro would be captured so the judge wouldn't punish him. Zorro caused his horse to charge at the men, scattering them. That was what Zorro wanted. With his sword, he began to cut down the men.

Now the air was filled with shrieks and cries, and men came out from the houses to find out the cause of the commotion.*

Zorro knew that some of them would have pistols, which made him afraid.

So he caused his horse to plunge* forward again, and before the fat innkeeper realized it, Zorro was beside him. He reached down and grasped him by the arm. On horseback, he dragged the innkeeper to the whipping post.

"Hand me that whip," he commanded.

The shrieking innkeeper obeyed. Zorro began to whip him.

"You tried to betray me!"

"Mercy!" the innkeeper shrieked, and fell to the ground.

Zorro whipped him again. He drove his horse and darted at the nearest of his foes.* Another pistol ball whistled past his head, and another man sprang at him with sword ready. Zorro stabbed the man. Then

---

commotion 소동, 난리 **plunge** 뛰어들다 **foe** 적

he galloped far from the crowd.

"There are not enough of you to make a fight interesting!" he cried and dashed away.

Chapter 24

At the Hacienda of Don Alejandro

돈 디에고는 아버지 돈 알레한드로의 집에 도착해
조로와 자신의 결혼 진행 상황에 대해 이야기한다.
그 후 조로를 쫓던 마을의 귀족 청년들이 그 집에 도착하는데
그들은 추격을 포기하고 성대한 파티를 벌인다.

Behind him he left the town in chaos.* People screamed and tried to understand what had happened. The natives were nervous. Many young men were in the tavern. They listened to the innkeeper

---

chaos 혼란, 혼돈

complain about Zorro. Captain Ramon came down from the base. He sent a man to get Sergeant Gonzales and have him come back to Reina de Los Angeles.

But the young rich men in town regarded this as an opportunity for excitement and money. They offered to organize* a group to catch Zorro. Some thirty of them mounted horses and then split into three groups of ten to search for Zorro.

The townspeople cheered them as they started, and they galloped rapidly up the hill and toward the San Gabriel road. In time they separated. Ten went toward San Gabriel, and another ten took the trail that led to the hacienda of Friar Felipe. The last ten followed a road that curved down the valley to the neighborhood of a series of* estates* owned by wealthy men.

Along this road, Don Diego Vega had

ridden some time before, the deaf-and-dumb Bernardo behind him on the mule. Finally, he turned from the main road and followed a narrower one toward his father's house.

Don Alejandro Vega, the head of the family, sat alone at his table when he heard a horseman before the door. A servant ran to open it, and Don Diego entered, Bernardo following close behind him.

"Ah, Diego, my son!" the old Don cried.

"It has been a tiring journey," he said.

"Why is that, my son?"

"I felt that I should come to the mansion," Don Diego said. "Because of Zorro, there is too much violence in town."

"Ha! What of him?"

"Zorro has made a visit to the Pulido

---

organize 조직하다　**a series of** 일련의　**estate** 소유지

mansion and frightened everyone there. I went to my mansion on business, and from there I went over to see old Friar Felipe. And who makes an appearance* but a big sergeant and his soldiers seeking Zorro."

"They caught him?"

"I believe not, father and sir. I returned to town; and what do you think happened there this day? They brought in Friar Felipe, accused* of having cheated* a dealer. After a trial they tied him to a post and gave him the whip fifteen times across his back."

"The scoundrels*!" Don Alejandro cried.

"I could stand it no longer, and so I decided to pay you a visit."

"You have something else to tell me?" Don Alejandro asked his son.

"I had hoped to avoid it, father and sir....

I visited the Pulido mansion and spoke with Don Carlos and his wife, also Lolita."

"You like Lolita?"

"She is lovely, I guess," Don Diego said. "I spoke to Don Carlos of the matter of marriage, and he appeared to be delighted."

"Ah! He would be," said Don Alejandro.

"But the marriage cannot take place,* I fear."

"How is this?"

"She appears to be a sweet and innocent maiden, father and sir. I had them come to Reina de Los Angeles and spend a couple of days at my house. I had it arranged so that she could see the furnishings,* and learn of my wealth."

"That was wise."

"But she rejected me."

---

appearance 출현   **accused** 고소당한   **cheat** 속이다   **scoundrel** 악당
take place 열리다   **furnishing** 비품, 가구 설비

"How is this?"

"She said that I am not the sort of man for her. She is foolish, I believe. She wants me to play the guitar under her window, perhaps...."

"Are you a Vega?" Don Alejandro cried. "You should love having the chance to seduce* a beautiful young woman!"

"But I did not see that such things were necessary," Don Diego said.

"Did you go to the maiden in a cold-blooded* manner and suggest that you wed and have it done with? Did you think that you were purchasing* a horse or a bull?"

"Don Carlos took her back to the hacienda, and suggested that perhaps if she had some time to reflect* when she had been there she might change her mind."

"She is yours, if you play the game,*"

Don Alejandro said.

"Can't we stop talking about marriage?" Don Diego asked.

"You are twenty-five. I was quite old when you were born. Soon I shall die. You are the only son, the heir,* and you must have a wife and offspring.* You must get a wife I approve* of in the next three months, or I will leave my wealth to the church when I pass away."

"My father!"

"I wish you had half the courage and spirit Zorro has! He has principles* and he fights for them. He aids the helpless and avenges the oppressed. I would rather have him for a son, than to have you, a lifeless dreamer!"

"I have been a dutiful* son."

---

seduce 유혹하다　**cold-blooded** 냉정한　**purchase** 구입하다　**reflect** 곰곰이 생각하다　**play the game** 정정당당하게 행동하다　**heir** 상속인　**offspring** 새끼, 자손　**approve** 승인하다, 인정하다　**principle** 원리, 원칙　**dutiful** 본분을 다하는

"When I was your age, I was ready to fight, to make love, or to stand up to any man in sports. You must be more of a man."

"I shall attempt it immediately," Don Diego said, straightening himself* somewhat in his chair. "I shall woo Lolita as other men woo maidens. You meant what you said about your fortune?"

"I did," said Don Alejandro.

Suddenly, Don Alejandro and his son heard a number of horsemen stop in front of their house.

A servant opened the door, and into the great room there walked ten young men, with swords at their sides and pistols in their belts.

"Ha, Don Alejandro! Please let us stay here!" the first cried.

"You have it without asking. Where are you going?"

"We are chasing Zorro. He invaded* the plaza at Reina de Los Angeles. He had the judge whipped because he sentenced Friar Felipe to receive the lash, and he whipped the fat innkeeper. Then he rode away. He has not been in this neighborhood?"

"Not to my knowledge," Don Alejandro said.

"You did not see the fellow, Don Diego?"

"I am lucky that I did not," Don Diego said.

Don Alejandro had sent for servants, and now wine mugs were on the long table, and heaps* of small cakes, and the men began to eat and drink. Don Diego knew well what that meant. They had given up chasing and would return to town the next morning.

---

straighten oneself 몸을 꼿꼿이 세우다   **invade** 침입하다   **heap** 무더기, 많음

It was what always happened. The young men loved to party at Don Alejandro's house because there were no women living there. They could make as much noise as they want. In time, they put away pistols and swords, and began to boast and brag.

Don Diego drank and talked with them for a time, and then sat to one side and listened, as if such foolishness bored him.

"He rode in this direction?" Don Alejandro asked.

"We are not sure as to that. He took the San Gabriel trail, and thirty of us followed. We separated into three bands.* But it is our excellent good fortune to be here."

Don Diego stood before the company.

"Sirs, you will pardon me, I know, if I go to bed," he said.

"Sleep," one of his friends cried. "And when you are rested, come out to us again and make merry."

They laughed at that; and Don Diego bowed. Then Don Diego hurried from the room with Bernardo following him.

He entered a room that always was ready for him, and Bernardo stretched out on the floor just outside it, to guard his master during the night.

In the great living room, Don Diego scarcely was missed. His father was frowning, for he wished that his son was like other young men.

"Zorro is here!" someone called from the door.

---

band 무리

Chapter 25

A League* Is Formed

돈 알레한드로의 집에 조로가 나타나 나태한 청년들을 꾸짖고
자신과 힘을 합쳐 부패한 관리들에 대항하자고 한다.
이에 청년들은 조로를 대장으로 삼고
부패한 정치인들에 대항하는 응징자가 되기로 결의한다.

The song and laughter ceased. Zorro stood just inside the door. He wore his long cloak and his mask. In one hand he held his hated pistol, and it was pointed at the table.

"Do not move or I will kill you. You are so noisy. Why have you stopped to make merry while Zorro rides the highway?"

"Give me my sword and let me stand before him!" one cried.

"You think there is one in this company who could fence with me now?"

"There is one!" cried Don Alejandro, in a loud voice. "I openly say that I have admired some of the things you have done, but now you have entered my house and are abusing* my guests!"

"I refuse to cross swords with you. I came to teach these men a lesson."

"Don Alejandro must not fight our battles!" one of them cried.

"Then see that he sits in his place."

Don Alejandro started forward, but two of the men stopped him and made him sit down.

"Take your swords in hand and attack

---

league 동맹 **abuse** 매도하다, 욕하다

oppression! Live up to your noble names! Drive the thieving politicians* from the land! Protect the friars whose work gave us these broad* acres! Be men. I have not come here to fight you in Don Alejandro's house. I respect him too much for that. I have come to tell you these truths. Band yourselves together and make some use of your lives. You would do it, were you not afraid."

"It would be a joke!" cried one in answer.

"You think so? Would the politicians dare stand against you, heirs of the most powerful families? Band yourselves together and give yourselves a name."

"It would be treason."

"It is not treason to take down* a tyrant*! Are you afraid?"

"Never!" they cried in chorus.*

"Then make your stand!"

"You would lead us?"

"Yes!"

"But stay! Are you of good blood?"

"My blood is as good as anyone's here," Zorro told them.

"I give you my support," Don Alejandro said.

Their cheers filled the great room. None could stand against them if Don Alejandro Vega was with them. Not even the governor himself would dare oppose them.

"We shall call ourselves the Avengers*! We shall drive the thieving politicians out!"

"And then you shall be like knights protecting the weak," Zorro said. "I lead, and I give you loyalty. Also, I expect you to be loyal to me."

---

politician 정치가　**broad** 드넓은　**take down** 무너뜨리다　**tyrant** 폭군, 압제자　**in chorus** 한 목소리로, 합창하여　**avenger** 복수하는 사람

"What shall we do?" they cried.

"Let this remain a secret. In the morning, return to Reina de Los Angeles and say you did not find Zorro. Be ready to band yourselves together and ride. I shall send word when the time arrives. I shall get word to one, and he can inform the others. It is agreed?"

"Agreed!" they shouted.

"Then I will leave you here and now. You are to remain in this room, and none is to try to follow me." He bowed before them, swung the door open, and darted through it and slammed it shut behind him. A few moments later, Don Diego came slowly into the room, rubbing his eyes and yawning.

"Sit down, my son," Don Alejandro urged. "We have very important things to discuss."

Chapter 26

An Understanding

돈 알레한드로는 아들에게 조로와 뜻을 같이 할 것과
지정된 기일 내에 결혼을 서두르라는 지시를 받는다.
이에 돈 디에고는 롤리타를 만나러 가지만
롤리타는 솔직하게 자신에게는 다른 남자가 있음을 털어놓는다.

The remainder* of the night was spent by the men making plans to give to Zorro, for they knew well the state* of the times and they realized that things were not as they should be. Zorro had inspired* them.

---

remainder 나머지 **state** 상태, 정세 **inspire** 고무하다, 영감을 주다

Don Diego was informed by his father that he was to play a part in the plans. He was angry but accepted what his father told him. Such a thing might kill him!

Early in the morning, the men started back to Reina de Los Angeles, Don Diego riding with them at his father's order. Nothing was to be said about their plans. They were to get recruits* from the remainder of the thirty who had set out to chase Zorro. Some would join them readily,* they knew, while others were the governor's men pure and simple. Bernardo was still following Don Diego on the mule.

Don Diego left his companions and hurried to his house. He told Bernardo to wait in the kitchen and await his master's call. And then he ordered his carriage around. That carriage was one of the most gorgeous* along El Camino Real. Don

Diego came from his house dressed in his best, but he did not get into the carriage. Sergeant Pedro Gonzales and his soldiers entered the plaza. The sergeant told Don Diego that they had failed to catch Zorro.

Two magnificent horses were hitched* to the carriage. Don Diego stretched back on the cushions and half closed his eyes as the carriage started. The driver went across the plaza and turned into the highway and started toward the mansion of Don Carlos Pulido.

Sitting on his veranda, Don Carlos saw the gorgeous carriage approaching and then got up and hurried into the house, to face his wife and daughter.

"Don Diego comes," he said. "I have spoken to you about the young man, and I trust that you will be a dutiful daughter."

---

recruit 신병, 신병 모집   **readily** 즉시, 선뜻   **gorgeous** 호화로운, 눈부신
hitch (말 등을) 매다

Then he turned and went out again, and the young lady rushed into her room and threw herself upon a couch to weep. She wished that she could feel some love for Don Diego and take him for a husband, but she felt that she could not.

Don Diego got down from the carriage. He greeted Don Carlos, and Don Carlos was surprised to note that Don Diego had a guitar beneath one arm.

"If I do not win a wife within a certain time, he says, he will give his fortune to the church when he passes away. I know of no other young woman who would be as acceptable* to my father as a daughter-in-law. How would you suggest that I win her heart?"

"Say nothing about marriage at first, but speak of love instead. Try to talk in low, rich tones, and say those meaningless* nothings in which a young woman can find a word of meaning."

"I fear that it is too difficult for me. Can I see Lolita now?"

Don Carlos went to the doorway and called his wife and daughter. Both smiled, but his daughter smiled with fear. Don Diego brought Lolita to a bench, and started to talk of things in general, plucking* at the strings of his guitar as he did so.

Lolita was glad that Don Diego did not speak of marriage. Instead, he talked about what had happened in town with the friar and Zorro.

"My father threatens to disinherit* me if I do not get my wife within a specified* time," Don Diego said finally.

"There are many girls who would be proud to wed you, Don Diego."

---

acceptable 받아들일 수 있는, 그런 대로 괜찮은　**meaningless** 의미 없는
pluck 잡아 뜯다　**disinherit** 상속권을 박탈하다　**specified** 명시한, 지정한

"But not you?"

"Certainly, I would be proud. But can a girl help it if her heart does not speak? Would you wish a wife who did not love you?"

"You do not think, then, that you ever could learn to love me?"

Suddenly the girl faced him.

"I may trust you?"

"To death."

"Then I have something to tell you. And I ask that you let it remain your secret."

"Proceed."

"I wish I loved you, but I am too honest to wed who I do not love. There is one great reason why I cannot love you."

"There is some other man in your heart?"

"You have guessed it. You would not want me for a wife in such case. My parents do not know. You must keep my secret."

"The man is worthy?"

"I feel sure that he is. I could never love another man. You understand now?"

"I understand fully."

"I knew you would be a true man."

"And if things should go wrong, and you need a friend, call me."

"My father must not suspect* at the present time. We must let him think that you still seek me, and I will pretend to be thinking more of you than before. And slowly you can cease your visits."

"I understand. But I have asked your father for permission to woo you, and if I go to wooing another girl now, I will make him angry. And if I do not woo another girl, I will make my own father angry."

"Maybe they will not be angry for long."

---

suspect 짐작하다, 의심하다

"Ha! I have it! What does a man do when he is disappointed in love? I will act depressed because you didn't return my love. Then men will think they know the reason when I dream in the sun and meditate instead of riding and fighting like a fool. I shall be allowed to go my way in peace. An excellent thought!"

"You are funny!" Lolita exclaimed laughing.

Don Carlos and Dona Catalina heard that laugh and thought their daughter was starting to like Don Diego.

Then Don Diego continued the lie by playing his guitar. Lolita acted pleased, and Don Diego rode off that evening back to his house.

Chapter 27

Orders for Arrest

총독이 레이나 드 로스앤젤레스에 온다.
그는 라몬 대장에게 조로의 조속한 체포를 명하고
풀리도 집안사람들을 모두 체포하라고 하지만
돈 디에고의 역모 혐의에 대해서는 무시하기로 한다.

The governor was traveling. He was planning to eventually go to San Diego de Alcala, rewarding his friends, and awarding punishment to his enemies. He had reached Santa Barbara an hour before, and so had Ramon's messenger. Captain Ramon's messenger had been told that the letter he carried was very important, and so he hurried to the office.

The governor took the letter. At first he looked very satisfied, and then he read it again and frowned. He liked the thought that he could crush Don Carlos Pulido more, but he disliked to think that Zorro was still free.

And so, in the morning, the governor went to Reina de Los Angeles with twenty soldiers and Ramon's messenger. He traveled swiftly, and on a certain day at midmorning entered the plaza of Reina de Los Angeles. It was the same morning that Don Diego rode to the Pulido mansion in his carriage, taking his guitar with him.

The governor watched the men here carefully. He was not sure of their loyalty, so he tried to figure out which men were loyal to him and which weren't. He decided to go to the military base, and he noticed that Don Diego was not in town.

Sergeant Gonzales and his men were away chasing Zorro, of course, and so Captain Ramon himself was waiting for the governor at the base's office.

"What is the latest news?" the governor asked.

"My men are on the trail. But, as I wrote, Zorro has many followers."

"They must be killed off!" the governor cried. "A man of that sort always can get followers, and yet more followers, until he will be so powerful that he can cause us serious trouble."

"It also appears that Zorro knows the movements of my soldiers."

"Then spies are giving him warnings? Do you suspect Don Diego?"

"You perhaps guessed that I meant the Vegas in my letter. I am convinced now that I was wrong. Zorro even invaded

Don Diego's house one night while he was away. But Don Carlos Pulido and his family were there."

"Ha! In Don Diego's house?"

"It is amusing,*" said Captain Ramon, laughing lightly. "I have heard that Don Alejandro ordered Don Diego to get a wife. The young man is not the sort to woo women. He is lifeless."

"I know the man. Proceed."

"Zorro had been to the Pulido's before, so Don Diego offered to let them stay at his house for safety while he was away. Also, he wanted to impress* the daughter with his wealth. Zorro visited the house recently and Don Diego returned the next day. At any rate,* the Pulidos returned to their mansion after Don Diego's return. Don Diego called upon me here so I would not think he was planning treason."

"I am glad to hear it! The Vegas are

powerful. It is good sense to keep them friendly, if that be possible. But these Pulidos...."

"Even the daughter appears to be giving aid to Zorro," Captain Ramon said. "She boasted to me of his courage. She sneered at the soldiers. Don Carlos Pulido and some of the friars are protecting the man, giving him food and drink, hiding him, sending him news of the soldiers' whereabouts."

"I had thought that Don Carlos had learned his lesson, but it appears that he has not. Are any of your men in the base?

"Your messenger will be my guide here, and I will send half of my men to arrest Don Carlos and his family."

---

amusing 재미있는   **impress** 감명을 주다   **at any rate** 어쨌든

Chapter 28

*The Outrage**

돈 카를로스와 그의 아내, 롤리타는
조로를 도왔다는 반역 혐의를 받고 체포된다.
그들은 총독에게 고용된 폭도들로부터 심한 모욕을 당하고
일반 죄수들과 같은 감방에 갇히는 수모를 겪는다.

Don Diego's carriage arrived back in town. He saw the soldiers there and realized that the governor had arrived. Led by the messenger, the soldiers galloped swiftly along the highway toward Don Carlos's house. When they arrived at the house, they surrounded it and made a mess,* tearing up the flowers and scaring the chickens.

Don Carlos had been sitting outside. When he heard the sound of horses, he jumped to his feet. A soldier went up to speak with him.

"You are Don Carlos Pulido?" he asked in a loud voice.

"Yes."

"I have orders to place you under military arrest.*"

"Arrest!" Don Carlos cried. "Who gave you such orders?"

"His Excellency the governor. He now is in Reina de Los Angeles."

"And the charge?"

"Treason and aiding the enemies of the state.*"

"Nonsense!" Don Carlos cried. "You

---

outrage 격노, 격분　make a mess 소동을 피우다　place ~ under military arrest ~을 군법에 따라 구금하다　state 국가

wish me to accompany you?"

"I demand it."

"So I cannot be trusted to appear at my place of trial?"

"I go to the base. You go to the jail," the soldier said.

"You dare throw me into a filthy* jail?"

"I have my orders, sir."

"At least I may break this news to* my wife and daughter without an outsider* being at my shoulder?"

"Your wife is Dona Catalina Pulido?"

"Certainly."

"I am ordered to arrest her also."

"Scum!" Don Carlos cried.

"They are my orders. She, too, is charged with* treason and with aiding the enemies of the state."

"What are you to do with her?"

"She goes to jail. Enough of this. My orders are my orders."

Now Dona Catalina came running outside, for she had been listening to the conversation just inside the door. Her face was white, but there was a look of pride in it.

"You have heard?" Don Carlos asked.

"I have heard, my husband. I am too proud to argue the point with these common soldiers."

"But the shame of it! And our daughter will be here alone with the servants."

"Your daughter is Miss Lolita Pulido?" the soldier asked. "I have an order for the arrest of your daughter, also."

"They have taken my wealth and lands. They have heaped shame upon me. But they cannot break our pride!"

When Lolita first heard the news, she wept, but then she dried her eyes. She was also too proud to cry. Servants brought the carriage before the door, and Don Carlos and his wife and daughter got into it, and the journey of shame began.

They passed others who looked with wonder at those in the carriage, but they did not speak. Some watched in sorrow, and some grinned. At the edge of the plaza they were met by a crowd of natives that had been paid by the governor to harass the family. There were cruel jeers* and jests.* Don Carlos's face was red with wrath.* There were tears in Dona Catalina's eyes, and Lolita's lips were trembling, but they ignored what was said.

One man threw mud, and it splashed* on Don Carlos's breast, but he refused to notice it. He had one arm around his wife and the other was around his daughter. Some men watched the scene* and felt sympathy for the family, but they said nothing. And some of these men glanced at one another. Though they did not speak, they were wondering the same thing: Would Zorro hear of this? What would he do?

When the carriage arrived at the jail, the mob* continued to yell and throw mud, but the family still acted proudly.

The door was thrown open. There came a last burst of jeers from the mob, and then the prisoners were inside, and the door had been closed and locked again.

They had not even been given a clean, private room. Don Carlos and his wife and daughter were put in the same room as other criminals.*

They sat down on a bench in one corner of the room, as far from the others as possible.

---

jeer 야유, 조롱 **jest** 농담, 익살 **wrath** 분노 **splash** 튀기다, 뿌리다 **scene** 장면 **mob** 폭도 **criminal** 범죄자

"I wish that Don Diego Vega were only my son-in-law now," whispered Don Carlos.

"Perhaps my father's friend will come," Lolita whispered. She imagined that Zorro would come to save them.

Chapter 29

Don Diego Visits the Governor

풀리도 집안사람들의 석방을 요구하기 위해
돈 디에고는 마을에 온 총독을 만나러 가지만
총독에게 설득 당하여 자신의 주장을 펼치지 못한다.
이를 본 총독은 돈 디에고를 어리석은 청년이라고 생각한다.

One hour later, Don Diego dressed in his finest clothes, with flowers, lace, and jewels, and went to the governor's office. He greeted the governor, bowed, and took a chair.

"Don Diego Vega, I am glad that you have called upon me today," said the governor.

"I should have called sooner, but I was away from my house at the time you arrived," Don Diego said. "Will you remain long in Reina de Los Angeles?"

"Until Zorro is either killed or taken," the governor said.

"Will everyone stop talking about this man? A man who loves poetry and music can get no rest lately."

"I am so very sorry that you have been annoyed," the governor said laughing. "But I hope to have the man soon. I have brought twenty men to help Sergeant Gonzales capture Zorro."

"Let us hope it will end as it should," said Don Diego. "But I must say a few words about the Pulido family. I am not sure that my honor is not involved.*"

"Oh?"

"My father has ordered that I get a wife.

Some days ago I requested* of Don Carlos Pulido permission to court his daughter."

"Ha! I understand. But you are not engaged to* the young lady?"

"Not yet."

"Then your honor is not involved. Think about the ladies of good blood, and let me know who you like. I'll guarantee* that the lady will accept your proposal. And I can guarantee, also, that she will be of a loyal family with which it will be no shame to marry."

"If you pardon me, is it really necessary* to put Don Carlos and his family in jail?"

"I find it necessary."

"Do you think it will add to your popularity*? It may make some of the rich families upset. They might whisper about you."

---

involve 포함하다, 관련시키다   request 요구하다   be engaged to ~와 약혼하다   guarantee 보장하다   necessary 필요한   popularity 인기

"What would you have me do?" the governor asked.

"Place Don Carlos and the ladies under arrest, but do not put them in jail. It is unnecessary; they will not run away."

"You are bold. I can understand that the situation might bother you, but considering the circumstances, it is necessary."

"What have they done?" Don Diego said.

"This family has been protecting Zorro."

"That is astonishing*!"

"A few nights ago, Zorro was at the Pulido mansion. It was clear that Don Carlos had been hiding him in a closet. He also visited Miss Lolita at your house while you were away."

"That's unbelievable!" Don Diego exclaimed.

"If I do not put them in jail, Zorro and

his men will help them escape. As a loyal,* you should hope to see foes of the state captured."

"I do. All real foes of the state should receive punishment."

"I am overjoyed* to hear you say that!" the governor cried.

There was some more talk and finally Don Diego left.

"You are right, captain," the governor said to Captain Ramon. "Such a man could not be a traitor. It would tire him too much to think treasonable* thoughts."

Don Diego made his way slowly down the hill. At the corner of the plaza he met one of his friends, one of the small band of men who had spent the night at Don Alejandro's mansion.

"Has, by any chance,* our leader

---

astonishing 놀라운   **loyal** 충신; 충성스러운   **overjoyed** 매우 기쁜
treasonable 반역의, 배신의   **by any chance** 만일, 혹시

sent you a message this day," his friend whispered to him.

"Of course not!" Don Diego said. "Why should the man?"

"What happened to the Pulidos is terrible! We should do something."

"Oh dear! I hope not! My head aches,* and I fear I am going to have a fever."

Chapter 30

The Sign of Fox

조로는 자신과 뜻을 함께 하기로 한 마을 청년들을 모아
풀리도 집안사람들을 구출하기로 합의한다.
조로는 구체적인 구출 계획을 그들에게 설명한 후
각자에게 임무를 배분한다.

An hour after dusk that night, a native told one of the young men that he had a message from a wealthy man. The message was that there was a fox in the neighborhood who wanted to meet him.

---

ache 아프다, 쑤시다

A fox! Zorro fox! The man thought. He went to the meeting place immediately, and there he found Zorro sitting on his big horse, his face masked, the cloak wrapped around his body.

"Tell the men who are loyal to meet at midnight in the little valley beyond the hill. I shall be waiting."

Then Zorro dashed away in the darkness, and the man went back to the city and passed the word. One of the men went to Don Diego's house, but was told by the butler that Don Diego had complained of a fever and was already asleep.

One at a time, the men snuck out of the town. They each wore a mask to hide their faces.

The town was in darkness, save that* there were lights in the tavern, for Sergeant Pedro Gonzales had returned with his men just before nightfall.*

The soldiers there were relaxing and had no idea that they would meet Zorro that night. The fat innkeeper was kept busy as they ordered food and drinks. There were a few lights on at the base and a few lights on at the governor's office, too, but everyone else slept.

In the jail there was no light at all except one candle burning in the office, where a sleepy man was on guard. Don Carlos Pulido stood before a window, looking up at the stars; and his wife and daughter hugged on a bench beside him, unable to sleep.

The men found Zorro waiting for them.

"Are all here?" he asked.

"All except Don Diego Vega," one replied. "He is ill with a fever."

---

save that ~을 제외하고 **nightfall** 황혼, 땅거미

And all the men laughed.

"We know what has happened to Don Carlos Pulido and the ladies of his family. We know they are innocent of any treason."

"Rescue* them!" a man said, and the others agreed.

"We must enter the town quietly," Zorro said. "There is no moon, and we will not be observed if we use caution.* We shall approach the jail from the south. Each man will have his task to do.

"Some will surround the building to give notice if any approach it. Others must be ready to fight the soldiers. Others will go into the jail and rescue the prisoners with me."

"It is an excellent plan," one said. And Zorro continued to describe* his plan.

"All will ride to the highway just below this place," he said finally. "At that point we shall scatter. Those who have Dona Catalina with them will bring her to the mansion of Don Alejandro Vega, where she can be hidden if necessary.

"Those who have Don Carlos in charge will take the road to Pala. Ten miles from this town they will be met by two natives, who will give the sign of the fox. The natives will take Don Carlos and care for him.

"When these things are done, each man will ride to his home quietly and alone. I shall bring the young lady to Friar Felipe. Are all now ready?"

They all said they were, so he gave them each a task. Then they quietly made their way toward the sleeping town.

---

rescue 구조하다　**use caution** 조심하다, 주의하다　**describe** 묘사하다, 설명하다

Chapter 31

The Rescue

조로는 마을 청년들과 군 감옥에 들어가 구출 작전을 펼친다.
돈 카를로스는 조로에게 구출되지 않겠다고 억지를 쓰지만
조로 일행은 각각 세 무리로 나뉘어
돈 카를로스와 도냐 카탈리나, 롤리타를 탈옥시킨다.

Zorro knocked upon the door with his sword. A sleepy faced guard opened the door.

"What do you want?" he asked.

Zorro thrust* the muzzle* of his pistol into the man's face.

"Open the door and do not speak!"

Zorro commanded.

"I'll open the door. Do not shoot, Zorro! I am only a poor guard and not a fighting man!"

Zorro and his four companions rushed inside and slammed and locked the door again. Zorro pressed the gun to the man's head.

"Where is the jailer* sleeping?" Zorro demanded.

"In that room over there."

"And where have you put Don Carlos Pulido and his ladies?"

"In the common prison room." Zorro motioned* to the others, walked across the room, and threw open the door to the jailer's room. The man already was sitting up in bed.

"Do not make a move," Zorro warned.

---

thrust 쑤셔 박다, 밀어 넣다　**muzzle** 총구　**jailer** 간수장　**motion** 움직이다, 손짓하다

"Where are the keys to the prison rooms?"

"On that table."

Zorro picked them up and then turned to look at the jailer again.

"Lie down!" he commanded. Zorro tore strips* from a blanket and bound* the jailer's hands and feet.

Then he hurried back into the main office. He called the other men to him and together they went to find Don Carlos and his family. With the keys, they unlocked the jail cell and opened the door.

"What have they done to you?" he cried. Lolita looked up in alarm, and then gave a glad cry.

"Zorro!" Don Carlos gasped.

"I have come with some friends to rescue you."

"I shall not run away."

"There is no time for argument," Zorro said. "I am not alone in this, but have twenty-six men with me."

Two of the men threw themselves upon Don Carlos and half carried him into the hall and along it toward the office. Two others grasped Dona Catalina by the arms, as gently as they could, and so carried her along.

"You must trust me," he said to Lolita.

"To love is to trust."

He threw an arm around her, and so led her from the prison room, leaving the door open behind him. Some of the other prisoners escaped that night.

Don Carlos was shouting that he refused to be rescued. They reached the office, and Zorro ordered the guard to a corner. And then one of the men threw open the outside door. Two soldiers were outside. They saw the masked faces and

---

strip 가늘고 긴 조각 **bind** 묶다

knew something was wrong.

A soldier fired a pistol and missed. But the shooting was enough to attract the attention of those in the tavern, and also of the guards at the base. Guards got on their horses and rushed down to the jail. Sergeant Pedro Gonzales and others hurried from the tavern.

The jailer had managed to free himself from his bondage,* and he shrieked through a window of his office. His shriek was understood by Sergeant Gonzales, who screeched for his men to follow him.

But the men had their three rescued prisoners on horseback, and they dashed across the plaza and toward the highway. Shots flew about them, but no man was hit.

Zorro rode wildly with Lolita in the saddle before him. He pushed his magnificent horse ahead of all the others, and so led the way to the highway. And when he had reached it, he stopped his horse and watched the others come galloping to the spot.

And so the band was broken into three groups. One rushed along the Pala Road with Don Carlos. Another took the highway that would lead them to the mansion of Don Alejandro. Zorro galloped toward Friar Felipe's place.

"I knew that you would come for me," Lolita said.

Zorro hugged Lolita closer to him. He reached the top of the first hill and stopped.

There were many lights on in the town now. Every soldier would be away and sent to chase Zorro and his men. The sound of galloping horses came to his ears. The soldiers knew in what direction the

---

free oneself from one's bondage 구속에서 풀려나다

rescuers* had traveled. He pressed Lolita to him again and rode furiously through the night.

Close Quarters*

조로는 곤잘레스 상사와 그 부하들의 추격을 간신히 피해
롤리타를 수도원의 펠리페 수도사에게 맡긴다.
수도원을 떠난 조로는 예전에 자신의 도움을 받았던
원주민의 오두막을 찾아가 잠시 몸을 숨긴다.

The moon was bright and the governor's men rode magnificent, fast horses. Zorro needed all the time he could get, so he pushed his great horse to run as fast as it could. He reached another hill

---

rescuer 구조자, 구출자 close quarters 백병전, 접전

and could see some of the soldiers chasing him.

Had Zorro been alone, he would not have been nervous, for many times he had been in a position more difficult and had escaped. But having Lolita with him made him nervous.

Mile after mile he rode, Lolita clinging to him, and neither speaking a word. Once he charged through a flock of sheep that were being driven to Reina de Los Angeles and the market there, and scattered them to either side of the road. On and on he rode, until he could see, far ahead, the church buildings at San Gabriel glistening* in the moonlight. He came to a fork* in the road and took the trail that ran to the right, toward the mansion of Friar Felipe.

Now the horse was galloping over softer ground, and was not making such good speed. He knew that the soldiers would follow him.

"I don't have much time," he said. "I ask only that you trust me."

"You know that I do that."

"And you must trust the man to whom I am carrying you. The man is a friar."

"Then everything will be well," she replied.

"I believe there are happier days ahead for us."

"May Heaven grant it," the girl whispered.

He turned his horse into Friar Felipe's driveway* now and dashed toward the house. He wanted the soldiers to think that he was merely taking a short cut across Friar Felipe's land to the other road, and that he had not stopped at the house.

---

glisten 반짝반짝 빛나다 **fork** 갈라진 곳 **driveway** 진입로

When he reached the door, he beat against it with his fist. He heard the drumming of the soldiers' horses' hooves behind him.

It seemed to Zorro that it was an age before the old friar threw open the door. Zorro stepped in swiftly and closed the door behind him. The friar was astonished.

"I am Zorro. You owe a favor."

"I do," Friar Felipe replied.

"This is Lolita, the only daughter of Don Carlos Pulido. With the help of some friends, I rescued her and her family from jail today. Soldiers are chasing us. If the soldiers take her, they will put her in jail again. You owe me a favor, so care for her and protect her."

"And you?"

"I shall ride on. They will chase me instead of stopping here. It is agreed between us?"

"It is agreed," Friar Felipe answered.

"Blow out* your candle."

They were in darkness. Lolita felt Zorro kiss her.

"Don't worry, Lolita. It seems that Zorro has as many lives as a cat!" the friar laughed.

Zorro laughed, opened the door, and darted through, closed it softly behind him, and so was gone. Great eucalyptus* trees shrouded* the front of the house in shadows, and in the midst of these shadows was Zorro's horse. He noticed that the soldiers were much nearer than he had expected to find them.

He ran quickly toward the hill, tripped* on a stone, and fell, and frightened the animal so that it ran into the full

---

blow out 불어서 끄다   eucalyptus 유칼립투스 (나무)   shroud 가리다   trip 발이 걸려 넘어지다

moonlight. One of the soldiers shouted when he saw the horse, and dashed toward it. Zorro picked himself up and jumped onto his horse.

But they were surrounding him now with their swords ready.

"Get him alive if you can!" Sergeant Gonzales shouted.

Zorro was knocked off his horse. He moved backward with his back to a tree. His sword was now ready. Three sprang from their saddles to rush in at him. He darted from the tree to another, but could not reach his horse. Instead, he jumped on another soldier's horse. He dashed away from the soldiers.

"After him!" he heard Sergeant Gonzales shouting.

They charged after him. As Zorro came into the shadow cast* by a big barn, he slipped from the saddle. He cut the horse with his sword. The animal snorted* and ran quickly away. The soldiers went off chasing the horse.

Zorro waited until they passed him and then he ran rapidly up the hill again. But he saw that some of the soldiers had remained behind to guard the house, and so he found he could not reach his horse. Zorro gave that strange cry that his horse was trained to listen for. His horse raised its head and galloped toward him.

Zorro jumped on his horse. But he came upon a group of soldiers. They had discovered* the trick he had used. They charged at him from both sides, met behind him, followed, and chased him. He hoped that he had drawn them all away from Friar Felipe's house but he was not sure.

---

cast 던지다, 드리우다   **snort** 말이 콧김을 내뿜다   **discover** 발견하다

He urged his horse cruelly, knowing that this journey across plowed ground* was taking the animal's strength. Finally he reached the highway. Now he turned his horse's head toward Reina de Los Angeles, for he had work to do there. The horse could run faster now that only one person was riding.

He glanced at the sky and saw that the moon was about to disappear behind a bank of clouds.* He would have to make use of the short period of darkness.

Down into the little valley he rode. Then came the darkness, and at the proper time. He had friends nearby. Beside the highway was an adobe hut, where there lived a native Zorro had saved from a beating. Now he dismounted before the hut and kicked against the door. The frightened native opened it.

"I am being chased," Zorro said.

The native immediately threw the door of the hut open wider. Zorro led his horse inside, and the door was hastily shut again. Behind it, Zorro and the native stood listening, the former with pistol in one hand and his sword in the other.

---

plowed ground 경작지 **a bank of cloud** 층운, 안개구름

Chapter 33

Flight and Pursuit*

곤잘레스 상사가 펠리페 수도사의 수도원에 들이닥쳐
펠리페 수도사를 심문하고 수도원을 수색한다.
이에 펠리페 수도사는 격노하여 곤잘레스 상사를 꾸짖는다.

Sergeant Gonzales was outside of the friar's house. The house was still being guarded when he dismounted before it, and his men reported that no one had attempted to leave the building. He called two of his men to his side and knocked on the door. Almost instantly it was opened by Friar Felipe.

"Were you sleeping?" Gonzales asked.

"Isn't it the middle of the night?" Friar Felipe asked.

"Did we not make enough noise to awaken you?"

"I heard sounds of combat."

"Do you admit that you have been helping Zorro?"

"I admit nothing of the sort," Friar Felipe replied. "Just a few moments ago as he rode past is the first time that I saw Zorro."

"What did Zorro want when he stopped at your house?"

"You were so close that he did not have time to ask for much," Friar Felipe said.

"You spoke to him?"

"I opened the door at his knock."

---

pursuit 추적, 추격

"What did he say?"

"That soldiers were chasing him."

"And he asked that you hide him so he could escape capture at our hands?"

"He did not."

"Ha! What business had he with you, then?"

"Did I say that he had business with me?"

"Ha! Do you wish to receive another beating? What did he say?"

"Nothing that I can repeat to you," Friar Felipe said.

Sergeant Gonzales pushed him aside roughly* and entered the living room, and his two soldiers followed.

"You search my poor house?" Friar Felipe cried. "What do you imagine he left?"

"Ha! A package of clothing, I suppose! A bundle* of loot*! A bottle of wine! I could see that Zorro was carrying something before he came to your house, but he was not carrying it after he left. Search the house, soldiers, and be sure that you search it well. I shall remain in this room and keep this entertaining friar company."

"Coward and brute!" Friar Felipe thundered.* "One day the dishonest men will fall! The honest men will have power again!"

"Nonsense!"

"One day there shall be a thousand Zorros, and more if necessary, to ride up and down El Camino Real and punish those who do wrong!"

"If you helped the governor's soldiers more, perhaps we would treat you better."

"I don't help evil men," Friar Felipe said.

"Don't get angry! Friars are not

---

roughly 거칠게　**bundle** 보따리, 묶음　**loot** 전리품, 약탈품　**thunder** 호령하다

supposed to get angry."

"You have about as much knowledge of a friar's principles and duties as the horse you ride."

"I ride a wise horse, a noble animal. He comes when I call and gallops when I command."

"Idiot!"

Chapter 34

The Blood of the Pulidos

곤잘레스 상사는 롤리타가 숨어 있는 곳을 발견한다.
곧 발각될 것을 깨달은 롤리타는 숨었던 곳에서 나와
다가오면 칼로 자진하겠다고 상사를 위협하며
수도원을 빠져나와 말을 타고 도망한다.

The soldiers searched the house and found nothing.

"Ha! Hidden away well, no doubt!" Gonzales said. "What is that in the corner of the room?"

"Bales* of hides," Friar Felipe replied.

---

bale 꾸러미, 뭉치

"Why did they move?" Sergeant Gonzales asked. "Three times I saw the corner of a bale move. Soldiers, search there."

Friar Felipe sprang to his feet.

"Enough of this nonsense," he cried. "You have searched and found nothing. Search the barns next and then go!"

"You promise to God that there is nothing alive behind those bales of hides?"

Friar Felipe hesitated, and Sergeant Gonzales grinned.

"Soldiers, search the bales."

The two men started toward the corner. Suddenly Lolita Pulido stood up behind the bales of hides and faced them.

"Ha! There she is! We'll bring her back to jail!"

But there was Pulido blood in the lady's veins*!

"One moment," she said.

One hand came from behind her back, and in it she held a long, sharp knife. She put the point of the knife against her breast.

"I would rather die than go back to jail. Do you want a dead prisoner?"

Sergeant Gonzales did not doubt that the girl would do as she had threatened, if the men made an attempt to seize her. A dead noblewoman would not be good for the governor. It would make people angry.

"Lolita, the person who takes his or her own life might go to hell," the sergeant said.

"Do not speak to me about such things. If you step toward me, I will die."

"Here is a pretty mess," Sergeant Gonzales exclaimed. "I suppose there is nothing for us to do except leave the lady

---

vein 혈관

to her freedom."

"Ah, no!" she cried quickly. "You are clever, but not clever enough by far. You would leave and continue to have your men surround the house? You would watch for an opportunity, and then seize me?"

Gonzales growled low in his throat.

"I shall be the one to leave," she said. "Walk backward, and stand against the wall. Do it immediately, or I stab myself in the chest."

They could do nothing except obey. The soldiers looked to the sergeant for instructions,* and the sergeant was afraid to risk the lady's death.

Perhaps, after all, it would be better to let the girl leave the house. She might be captured afterward, for surely a girl could not escape the soldiers.

She watched them closely as she darted

across the room to the door. The knife was still held at her breast.

She faced Gonzales and the soldiers once more.

"I am going through this door," she said. "You will remain in this room. There are troopers* outside, of course, and they will try to stop me. I shall tell them that I have your permission to leave."

She opened the door, turned her head for an instant and glanced out.

"I trust that your horse is an excellent one, for I intend to use it," she told the sergeant.

She darted suddenly through the door, and slammed it shut behind her.

"After her!" Gonzales cried. "I looked into her eyes! She will not use the knife! She fears it!"

---

instruction 지시 (사항)　**trooper** 기병

But Friar Felipe had been passive* long enough. He threw out one leg, and tripped Sergeant Gonzales. The two soldiers crashed into him, and all went to the floor.

Friar Felipe had gained* some time for her, and it had been enough. She jumped onto the horse. She bent lower over the horse's neck and rode.

Chapter 35

The Clash of Blades Again

조로는 라몬 대장을 사무실에서 납치해 총독에게 끌고가 총독에게 라몬 대장의 거짓말과 음해 사실을 폭로한다. 조로는 라몬 대장에게 자신과 결투할 기회를 주고 마침내 그를 죽여 양미간에 자신의 표식 Z를 새겨 넣는다.

Zorro stood like a statue* in the native's hut. Down the highway came the drumming of horses' hooves. He heard them pass by the little hut. Zorro opened the door and glanced out, listened for a

---

passive 수동적인 **gain** 얻다 **statue** 조각상

moment, and then led out his horse. He tried to give the native a coin.

"Not from you," the native said.

"Take it." Zorro said. "You have need of it, and I have not."

He mounted his horse and rode toward Reina de Los Angeles. It was two hours later when he came to the top of the hill above the town. He saw no soldiers in town. Zorro went around the town and decided to approach the military base from the rear. He dismounted now and led his horse, going forward slowly.

He stopped the horse behind the base, so he would be hidden by a shadow and went forward cautiously. When he came to the office window, he peered inside. Captain Ramon was there alone. Zorro crept to the corner of the building and found there was no guard.

He slipped through the door and

crossed the big restroom, and so came to the door of the office. His pistol was in his hand. Captain Ramon turned around in his chair when he heard the door open behind him.

"Put your hands behind your back, because I am going to bind your wrists."

Captain Ramon obeyed. Zorro stepped forward swiftly, and bound the wrists with his own sash.*

"We are going to visit the governor. Come with me."

He grasped Captain Ramon by the arm and hurried him to where the horse was waiting.

"Mount!" he commanded. "I shall sit behind you, with the muzzle of this pistol at the base of your brain."

Captain Ramon obeyed. Zorro guided

---

sash 어깨띠, 허리띠

his horse to the rear of the house where the governor was a guest. He forced the captain to dismount, and led him to the rear wall of the house.

Zorro entered it through a servant's room, taking Captain Ramon with him, and passed through into a hall without awakening the sleeping native. From beneath the door of one room light streamed. Zorro stopped before that door and peeked through the crack between the door and the wall. Suddenly Zorro threw open the door, threw Captain Ramon through it, followed himself, and shut the door quickly behind him. In the room there were the governor and his host.

"Silence, and do not move," Zorro said.

"Zorro!" the governor gasped.

"Captain Ramon, kindly sit across the table from the governor."

"Captain Ramon, seize this man! You

are an officer."

"Do not blame the commander. No one wants to get shot. You have this day insulted a family of good blood, Governor," Zorro went on.

"They are traitors," the governor said. "Captain Ramon has evidence.*"

"Ha! May I ask about your evidence?"

"It is a fact that Don Carlos had hidden you in the closet at his mansion."

"Tell the truth!" Zorro commanded, stepping closer to him and bringing up the pistol. "I came from that closet and spoke to you. I gave you some time to prepare to fight me. We fenced for fully ten minutes, didn't we? And then, when I could have killed you easily, I but scratched your shoulder. Is not that the truth?"

"It is," the captain acknowledged.*

---

evidence 증거 **acknowledge** 인정하다

"Ha! Is there more evidence?"

"There is," the governor said. "Captain Ramon found you alone with the lady at Don Diego's house. And when the captain discovered you there, the lady jumped on Ramon to give you time to escape."

"Actually, Captain Ramon is in love with the lady. He went to the house, found her alone, and forced her to kiss him. She called for help. I responded."

"Why were you there?" the governor said. "It appears that you are also in love with her."

"I am proud to admit it."

"So her parents must be helping you!"

"Her parents do not know of our love. It is the truth, right?"

"It is the truth." The captain gulped.*

"Then you have lied and you can no longer be a commander!" the governor cried. "But I still believe that Don Carlos

Pulido is a traitor."

"I rescued your three prisoners tonight, and they have escaped. Governor, you will take your chair to that far corner and sit there, and your host will sit beside you. And there you shall remain until I have finished."

He watched while the two chairs were placed and the governor and his host seated themselves. And then he stepped nearer Captain Ramon.

"You insulted a pure and innocent girl, Captain," he said. "For that, you shall fight. Your scratched shoulder is healed now. On your feet and on guard!"

Captain Ramon was white with rage. He sprang from his chair and backward to the side of the governor.

"Unfasten my wrists!" he cried. "Let me

---

gulp 침을 꿀꺽 삼키다

at this dog!"

The captain's wrists were untied. He whipped out his sword, sprang forward with a cry, and launched* himself in a furious attack. Zorro cautiously blocked the attacks. He knew that Ramon had no honor, so he had to be prepared for unexpected attacks.

"If you kill him, Ramon, I will make you a captain again!" the governor cried.

Zorro found himself forced to fight out of a dangerous corner.

Suddenly he tossed the pistol to the table, and he turned. The other men would have to meet his sword if they tried to take it. He could face the captain with his full force now.

"Fight, insulter* of girls!" he cried.

Captain Ramon cursed and charged, but Zorro received him and drove him back, and so held his position. The captain was sweating and his eyes bulged.* The ringing swords and the heavy breathing were the only sounds in the room. Captain Ramon rushed again. He thrust, lunged* and missed by a tiny inch.

Like the tongue of a serpent, Zorro's sword shot in. Just between Ramon's eyes, there appeared suddenly a red, bloody letter Z.

"The Mark of Zorro! You wear it forever now!"

Zorro thrust one more time. The captain fell to the floor, dead.

"My night's work is done," he said.

"And you shall hang for it!" the governor cried.

"Perhaps when you catch me!"

Then Zorro escaped from the house to his horse.

---

launch oneself 맹렬히 덤비다 **insulter** 모욕을 주는 사람 **bulge** 부풀다, 툭 불거져 나오다 **lunge** 달려들다, 돌진하다

Chapter 36

All Against Them

조로는 라몬 대장의 사무실에서 나와 추격을 피해 달린다.
그러다가 반대편에서 쫓기고 있던 롤리타를 만나
겨우겨우 둘이서 마을 광장으로 달아난다.
진퇴양난에 처한 두 사람은 선술집으로 들어가 진을 친다.

On his horse, Zorro saw that down the trail from San Gabriel came Sergeant Pedro Gonzales and his soldiers. From two other roads came the soldiers that had been chasing Don Carlos and his wife.

Zorro put spurs to* his horse and dashed across the plaza. Just as he did that, the governor and his host rushed from the house, shrieking that Zorro was a murderer. Zorro, having crossed the plaza, drove his horse at highest speed straight toward the highway. Sergeant Gonzales and his soldiers rushed to cut him off and turn him back.

Zorro was forced to swerve* from his first course. He got his sword ready at his side. He cut across the plaza again, almost running down several men who were in the way. From both sides the soldiers galloped to meet him.

Gonzales was shouting orders in his great voice. Zorro reached the highway and started down it toward the south. He dashed around a curve in the road. Suddenly he stopped his horse. Straight at him along the highway flew a horse and

---

put spurs to ~에 박차를 가하다 **swerve** 방향을 바꾸다

rider, and close behind came half a dozen chasing soldiers.

Because of the fences and hills and the coming soldiers, there was nowhere for Zorro to go. He had to turn back toward Sergeant Gonzales and the men who rode with him. He gripped* his sword now, and was prepared for a fight. He glanced back over his shoulder and gasped his surprise.

Because it was Lolita Pulido who rode that horse and was chased by the half-dozen soldiers. He had no idea she was such a skilled rider!

"Zorro!" he heard her shout.

And then she had reached his side, and they rode together, dashing down upon Gonzales and his soldiers.

"They have been chasing me for hours!" she gasped. "My horse is almost dead!"

Down the trail they flew, side by side, straight at Gonzales and his men. Zorro turned his horse at the proper instant, and Lolita followed him. He cut at the soldier on his left, swung over and cut at the one on his right. His horse crashed into that of a third soldier. The men chasing Lolita cried out because they began to crash into each other. They couldn't use their swords because they might cut each other.

And then he was through them, with Lolita riding at his side again. Once more he was at the edge of the plaza. His horse was very tired. There was nowhere for them to go.

"We are caught!" he shouted. "But we are not done! Let's go to the tavern!"

They galloped straight across the plaza. At the door of the tavern, Lolita's horse staggered* and fell. Zorro caught the girl in his arms then they darted through the

---

grip 움켜주다 **stagger** 비틀거리다, 휘청대다

tavern door.

"Out!" he cried to the innkeeper and the native servant.

Then he closed and locked all the windows.

"It may be the end," he said.

"I have given you my heart. Either we live together or we die together."

Chapter 37

The Fox at Bay*

군인들은 선술집의 문을 부수고 총격을 가하면서
조로에게 계속하여 항복을 권유한다.
궁지에 몰린 조로와 롤리타는 더 이상 희망을 찾을 수 없자
마지막으로 사랑 고백을 한 후 자신들의 운명을 받아들이기로 한다.

Soldiers were surrounding the building. Don Alejandro Vega was now coming to the plaza to visit the governor. He stopped to ask the soldiers what was happening.

"I had hoped that the other men would

---

at bay 궁지에 몰린

come to help us. But it seems that I fight it out alone," Zorro told Lolita.

"I am by your side," she answered.

"Why don't you surrender and marry Don Diego? You could go live a normal life. You would have everything to make you happy."

"Everything except love. I made my decision long ago."

"I have an offer for you from His Excellency the governor," the sergeant called from outside the building.

"I am listening, loud one."

"He asks that you open the door and come out with the lady."

"What will he give us?" Zorro asked.

"You both shall be given a fair trial. Instead of dying, you will go to prison."

"Trials in this country have not been fair."

"We can batter* in the door and take

you."

"Some of your men will die."

There was quiet then for a time and then the attack upon the door began. They were pounding at it, trying to smash it down. Zorro, standing in the middle of the room, pointed his pistol at the door and fired. Someone outside shrieked in pain.

"Well done!" Lolita cried. "I wish I could help you!"

The attack on the door was renewed.* They began to shoot into the tavern, so they had to hide from the bullets in the middle of the room. Again the heavy timber* struck against the door. They could hear the governor shouting encouragement.* Again came the battering against the door.

"It is almost the end," the girl whispered.

---

batter 난타하다, 연타하다 **renew** 다시 시작하다 **timber** 목재, 재목 **shout encouragement** 큰 소리로 격려하다

"I know it. Well, let's kiss one last time before we are killed!" Zorro sighed and began to pull his mask off his face.

But suddenly there were loud voices they hadn't heard before outside in the plaza, and the battering at the door ceased.

Chapter 38

The Man Unmasked

마을 청년들과 돈 알레한드로가 광장에 들어서서
총독에게 조로의 무죄를 항변한다.
재력가 집안들의 단결된 요구에 총독은 결국 굴복한다.
선술집에서 나온 조로는 복면을 벗고 정체를 밝힌다.

Twenty-three horsemen were galloping into the plaza. Each man was dressed richly with silver, bright colors, and feathers. They lined up together and faced their horses between the tavern and the governor.

"Wait! There is a better way!" their

leader cried.

"Ha!" screeched the governor. "I understand. You have all come to show your loyalty to me against Zorro."

"Peace!" their leader cried. "Our families say who shall rule, what laws shall be just, don't they?"

"They have great influence,*" the governor said.

"You would not care to stand alone against us?"

"Of course not!" the governor cried.

"We know our strength and power, and we have decided upon certain things. There have been things done that we cannot stand. You politicians have mistreated the church, the noblemen, and the natives. We stand together, and the strength of our united* families is behind us. Call upon your soldiers to attack us, if you dare!"

"What do you want me to do?" the governor gasped.

"The Pulidos must be released from jail. If you want to give them a trial, it must be fair."

"I grant you your wish. Now move aside so I can catch Zorro."

"We are not done," their leader said. "We have things to say regarding Zorro. He has robbed no man except those who robbed the defenseless first. He has whipped a few unjust persons."

"What do you want me to do?"

"A complete* pardon, here and now, for this man known as Zorro."

"Never!" the governor cried. "Don Alejandro, you are the most influential* man in this south country," he continued. "Tell these young men that what they wish

---

influence 영향력, 세력   united 연합의   complete 완벽한, 완전한
influential 유력한, 세력 있는

cannot be granted."

"I stand behind them!" Don Alejandro thundered. "Your answer?" Don Alejandro demanded.

"I can do nothing but agree," the governor said. "But there is one thing. I spare the man's life* if he surrenders, but he must stand trial for the murder of Captain Ramon."

"Murder?" asked the leader of the young noblemen, "It was a duel between gentlemen."

"Ha! But Ramon was a nobleman!"

"And so is Zorro. He told us as much, and we believe him."

"I agree," the governor said weakly. "I pardon him, and I go home to San Francisco de Asis. But Don Alejandro must promise that there be no treason against me here if I do these things."

"I give my word," Don Alejandro said.

"Open the door and come out amongst* us, a free man!" the men called to Zorro.

There was a moment's hesitation, and then the battered door was opened, and Zorro stepped out with Lolita on his arm. He stopped just in front of the door, removed his cloak and bowed low before them.

"Unmask,* man!" cried the governor. "I want to know who you are."

He chuckled,* glanced down at Lolita, and then put up a hand and tore off his mask.

Everyone gasped. Don Alejandro cried out in happiness.

"Don Diego, my son!"

---

spare one's life ~의 목숨을 살려주다   amongst ~ 중에서   unmask 복면을 벗다   chuckle 빙그레 웃다

Chapter 39

Don Diego and Zorro

돈 디에고는 자신이 조로가 된 이유를 설명하고
그동안 사실을 밝히지 못한 것에 대해 용서를 구하고
롤리타에게 정식으로 청혼한다.

"Explain!" everyone cried.

"When I was fifteen I saw how badly the soldiers behaved.* I decided to stand up for justice. So I pretended to have small interest in life, so that men never would connect my name with that of the outlaw* I expected to become. In secret, I practiced horsemanship* and learned how to handle* a sword."

"By the saints, he did," Sergeant Gonzales growled.

"One half of me was the Don Diego you all knew, and the other half was Zorro. It is a peculiar thing to explain. The moment I wore cloak and mask, the Don Diego part of me fell away. My body straightened, new blood seemed to course through my veins, my voice grew strong, and fire came to me!

"And Lolita must forgive me for the deception.* I courted her as Don Diego, and she would have none of me. Then I tried it as Zorro, and she gave me her love. She has showed me her true heart, and I am rejoiced at it. Governor, Lolita will be my wife, so I trust that you will not further

---

behave 행동하다   **outlaw** 무법자   **horsemanship** 말 타기   **handle** 다루다   **deception** 속임수

annoy her family. And now Zorro shall ride no more, for there will be no need, and moreover a married man should take some care of his life."

"And what man do I wed?" Lolita asked blushing.

"What man do you love?"

"I thought that I loved Zorro, but I realize now that I love the both of them," she said.

"We shall try to find a balance. People will say that marriage made a man of me."

He kissed her there before them all.

전문번역

허풍쟁이 페드로

p.14 빗발이 붉은 지붕을 두드리고 바람은 쉭쉭 날카로운 소리를 내는데 커다란 벽난로에서는 연기가 뿜어져 나왔다.

"오늘 밤은 악마가 좋아할 밤이로군!" 페드로 곤잘레스 상사가 자신의 커다란 발을 불 쪽으로 뻗으며 말했다.

"정말 그렇군요!" 뚱뚱한 여인숙 주인이 황급히 동의했다. p.15 거구의 상사는 엘 카미노 레알에서 두루 유명했는데, 사람들은 마을들을 하나의 긴 띠로 연결해 주는 큰길을 그렇게 불렀다.

곤잘레스 상사는 불의 온기를 더 가로채려고 불 쪽으로 더 바짝 이동했다. 페드로 곤잘레스 상사는 매우 이기적이었다. 그의 커다란 체구와 칼솜씨 때문에 그에게 싸움을 걸 용기를 내는 사람은 아무도 없었다.

그것은 남부 캘리포니아에서 볼 수 있는 전형적인 2월의 폭풍이었다. 대부분의 건물은 문이 닫혔고 동물들은 실내에 있었다. 모든 집에서 큰 난로가 타오르고 있었다. 겁 많은 원주민들은 피할 곳이 있다는 것에 기뻐하며 자신들의 작은 흙벽돌 집 안에 숨었다.

그리고 여기, 몇 년 후면 대도시로 발전할 레이나 드 로스앤젤레스라는 이 작은 마을에 상사와 그의 부하들이 비를 피해 체류했다.

p.16 하사 한 명과 병사 세 명이 상사 뒤에 있는 탁자에 앉아 포도주를 마시며 카드놀이를 하고 있었다. 북아메리카 원주민 급사 한 명이 구석에 앉아 있었다. 이 당시 캘리포니아에 있는 스페인 사람들은 북아메리카 원주민들을 기독교인으로 만들려고 애쓰는 종교인들, 즉 수도사들과 사제들 아니면 군인들로 나뉘었다.

말을 걸어 주는 사람이 없으면, 상사는 지루해져서 싸움을 시작할지도 몰랐다. 지난번에 두 차례 상사가 싸움을 시작했을 때에, 그는 선술집에 있던 가구들을 많이 부수어 놓았다. 그래서 여인숙 주인은 대화를 시작하려고 애썼다.

"마을 사람들이 그러는데 조로가 또 근처에 있대요."

여인숙 주인의 말은 곤잘레스 상사를 즐겁게 하지 못했다. 곤잘레스 상사는 주먹으로 탁자를 내리쳤다. 하사와 세 명의 병사들은 깜짝 놀라 몇 발자국 뒤로 물러섰다. p.17 원주민 급사는 밖으로 슬쩍 빠져나가기 시작했다. 폭풍이 상사가 내는 화보다 더 나았다.

"조로라고, 어?" 곤잘레스 상사는 무시무시한 목소리로 외쳤다. "그자는 자기가 여우처럼 교활하다고 생각한다지, 어! 복면을 쓰고 칼싸움을 잘한다며. 적의 뺨에 알파벳 Z를 새겨 놓으려고 검을 사용하고 말이야. 하! 사람들이 그것을 조로의 표식이라고 부르고 있는 거잖아! 하지만 그자는 내 근처에서는 아무 짓도 하지 못했어. 왜 그런 거지, 어?"

"사람들은 이제 그를 캐피스트라노의 재앙이라고 부르고 있습니다." 뚱뚱한 여인숙 주인이 말했다.

"이 큰길과 캘리포니아 전체의 재앙이야!" 곤잘레스 상사가 고함쳤다. "그자는 도둑이야! 하! 용감하다는 평판을 얻으려고 안간힘을 쓰는 평범한 작자지!"

p.18 "현상금이 있어요!" 주인이 말을 꺼냈다.

"그자를 체포하는 것에 꽤 큰 현상금이 걸려 있어. 하지만 나는 그자를 만날 기회가 없었지. 내가 산 후안 캐피스트라노로 복무를 하러 가 있으면 그자는 산타바바라에서 도둑질을 하지. 내가 레이나 드 로스앤젤레스에 있으면 그자는 산 루이스 레이에서 두둑한 지갑을 빼앗아."

"그러게요. 그자는 여기로 우리를 방문하러 온 적이 한 번도 없죠." 여인숙 주인은 고마움에 한숨을 내쉬며 말했다.

"그럴싸한 이유가 있잖아! 여기에는 군인들이 있거든. 그자는 진정한 용기는 없는 거야."

곤잘레스 상사는 다시 벤치에 앉아 휴식을 취했다.

"하지만 조로도 가끔은 분명 휴식을 취할 거예요. 그자도 먹고 자기는 해야죠."

"하!" 곤잘레스 상사가 대답했다. "물론 그자도 먹고 자야지! 그자는 또한 자기가 도둑이 아니라고 말하더군. 그자는 자기가 캘리포니아에서 억압받는 자들을 돕고 있는 거라고 하잖아. 수도사들과 사제들이 그자를 돕는다는 소리는 들어서 알고 있어."

p.19 "상사님께서 사실을 말씀하신다는 것에는 의심의 여지가 없습니다." 여인숙 주인이 대답했다. "하지만 저는 조로가 절대 이곳으로 우리를 찾아오지 않으면 좋겠어요!"

"오면 어때서, 뚱보 양반?" 곤잘레스 상사가 천둥처럼 큰 목소리로 외쳤다. "내가 여기 있잖아. 주인장은 왜 그자를 무서워하지?"

"제 말은 도둑맞고 싶지 않다는 뜻이에요."

"주인장한테는 훔쳐갈 것이 아무것도 없잖아! 나는 그자가 바로 저 문으로 들어오면 좋겠어! 조로를 잡아 현상금을 타고 싶어. 나는 그자가 두렵지 않아."

문이 갑자기 열렸다.

폭풍의 뒤를 바짝 쫓아서

p.20 한 줄기의 돌풍과 비가 한 남자와 함께 들이닥쳤다. 선술집 안에 있던 모두가 깜짝 놀랐다. 원주민 급사는 바람이 들어오지 못하게 얼른 다시 문을 닫는 데에 빨랐다.

새로 온 자가 돌아서서 사람들을 마주 보았고 여인숙 주인은 안도의 한숨을 또 한 번 내쉬었다. 그자는 물론 조로가 아니었다. 그자는 부유한 집안 출신인 스물네 살의 청년 돈 디에고 베가였다.

p.21 "내가 여러분 모두를 놀라게 한 건가요?" 돈 디에고가 정중하게 물었다.

"자네 같은 사람 때문에 놀라지는 않아. 폭풍이 불어서 그런 것뿐이야."

"내가 바보처럼 새로 온 사람한테 싸움을 걸고 모든 여자들의 창 밑에 서서 기타를 연주한다는 평판이 없는 것은 사실이네. 그래도 자네한테 놀림을 당하고 싶지는 않아."

"하!" 곤잘레스 상사가 소리쳤다.

"우리는 협정을 맺었어. 나는 부자이고 자네는 아니지만 자네가 나를 조롱하지 않는 한 우리는 친구 사이로 있을 수 있다네, 곤잘레스 상사. 하지만 또 다시 공적으로나 사적으로 나를 놀린다면 그 협정은 끝이야."

p.22 "자네 너무 심각하군! 긴장 풀게."

곤잘레스 상사는 부라린 눈으로 방 안을 둘러보고 나서 큰 소리로 웃으며 돈 디에고의 어깨와 어깨 사이를 손바닥으로 툭툭 쳤다.

돈 디에고와 곤잘레스 상사간의 이 이상한 우정은 엘 카미오 레알의 이야깃거리였다. 돈 디에고는 수천 에이커의 넓은 땅과 셀 수도 없이 많은 말과 소 떼들, 드넓은 논밭의 지배권을 가진 집안 출신이었다. 돈 디에고는 작은 왕국과도 같은 저택을 가지고 있었다.

하지만 돈 디에고는 다른 부잣집 청년들과 달랐다. 돈 디에고는 움직이는 것을 싫어하는 것 같았다. 돈 디에고는 칼을 차고 있는 일이 좀처럼 없었다. 그는 모든 여자들에게 정중했지만 누구와도 사귀지는 않았다.

돈 디에고는 양지 바른 곳에 앉아서 다른 남자들의 무용담을 들었고 이따금씩 미소를 지었다. 돈 디에고는 모든 면에서 페드로 곤잘레스 상사와 정반대였지만 그래도 그들은 자주 같이 어울렸다.

p.23 이제 돈 디에고는 불 앞에 가서 서서 몸을 말렸다. 그는 중간 정도의 체격밖에 안 되었지만 건강과 훌륭한 외모를 소유하고 있었다. 나이 든 사람들은 돈 디에고가 자신들의 딸들 중 누구에게도 관심이 없는 것 같아 서운해했다.

"친구, 우리는 조로 이야기를 하는 중이었어." 곤잘레스 상사가 말했다.

"그자에 관한 이야기 무엇을?" 돈 디에고는 손으로 하품하는 입을 가리며 물었다.

"조로는 내 곁에 얼씬도 하지 않는다고 했지. 나는 언젠가 좋은 날 그자를 대면할 기회를 가져서 총독님께서 주신다는 현상금을 청구할 수 있기를 바란다네."

"그자 이야기는 그만두지." 돈 디에고가 부탁했다. "내가 폭력에 관한 것 말고는 들을 이야기가 아무것도 없는 것인가? 음악이나 시인들에 대해 이야기하면 좋지 않을까?"

p.24 "쓸데없잖아!" 곤잘레스 상사는 엄청 넌더리를 내면서 콧방귀를 뀌었다. "만약 조로가 목숨을 내걸 위험을 무릅쓰고 싶다면 그렇게 하라지! 하!"

"나는 그자가 나쁜 사람이라고 생각하지는 않아. 그자는 교회와 가난한 사람들한테서 도둑질을 하는 관리들 말고는 아무한테도 강도짓을 하지 않았잖아. 그자는 원주민들을 학대하는 못된 자들 외에는 아무도 벌주지 않았어. 아무도 죽이지도 않았고."

"하지만 나는 현상금을 원해!"

"현상금을 타게." 돈 디에고가 말했다. "그자를 잡아 봐!"

"하! 나도 그러고 싶어."

"그럼 그자를 잡게." 돈 디에고가 대답했다. "그리고 나중에 그 일에 대해 전부 나한테 말해 줘. 하지만 지금은 그만 이야기하세."

돈 디에고는 천천히 자신의 포도주를 홀짝홀짝 마셨다. 그리고 모자를 쓰고 외투를 입었다.

"왜 그러나?" 곤잘레스 상사가 외쳤다. "이렇게 이른 시간에 우리를 놔

두고 갈 생각인가? 폭풍을 만날 텐데?"

p.25 "적어도 그 정도의 용기는 있네." 돈 디에고가 미소 지으며 대답했다. "나는 꿀을 좀 사려고 여기 왔어. 내 하인들은 겁이 너무 많아 외출을 못한다네."

"내가 빗속을 뚫고 안전하게 자네를 집까지 바래다주겠네!" 곤잘레스 상사가 외쳤다.

"여기 불 앞에 그대로 있게나." 돈 디에고가 곤잘레스 상사에게 단호하게 말했다. "나는 내 비서와 볼일을 좀 보고 있는 중이야. 일이 다 끝난 후 밤늦게 내가 다시 여기로 올지도 몰라."

"하! 그럼 왜 꿀을 사 오라고 자네의 하인들 중 그 비서를 안 보낸 건가? 이런 폭풍우 치는 밤에 하인들에게 심부름도 못 보낼 것 같으면 부자면 뭐하고 하인이 있으면 뭐하겠나?"

"내 비서는 노인인 데다가 허약해." 돈 디에고가 설명했다. "폭풍이 그를 죽여 놓을 거야. 주인장, 여기 있는 모두에게 포도주를 내어 주고 내 장부에 달아 놓게. p.26 나는 나중에 올 수도 있다네."

돈 디에고 베가는 꿀단지를 집어 들고 문을 열더니 폭풍우가 치는 어둠 속으로 사라졌다.

"진짜 사나이가 저기 가는구나!" 곤잘레스 상사가 외쳤다. "저치가 내 친구야. 저 친구가 검을 쓸 수 있는지 없는지 의심이 간다니까! 저 친구는 여자 생각은 절대 안 하더라고. 그래도 명색이 남자인데 말이야!"

병사들은 돈 디에고가 사는 포도주를 마시고 있었기 때문에 동의했다. 돈 디에고가 돈을 지불할 것이기 때문에 뚱뚱한 여인숙 주인은 그들에게 한 차례 더 포도주를 돌렸다.

"돈 디에고는 폭력이나 유혈 사태를 생각만 해도 못 견딜걸." 곤잘레스 상사가 말을 계속 이어갔다. "그 친구는 봄날의 산들바람처럼 부드럽지. 하지만 그 친구는 눈빛이 강렬해. 내가 그 친구의 젊음과 부, 잘생긴 외모를 가지고 있다면 얼마나 좋겠어! 나라면 수많은 여자들을 애끓게 할 텐데! 나라면 나라를 다스리겠지!"

곤잘레스 상사는 이제 일어나서 자신의 검을 뽑았다. p.27 곤잘레스 상사는 공중을 가르며 검을 앞뒤로 휘둘러 그림자와 싸웠다. 다른 사람들은 웃었다.

"조로가 여기 있다면 좋을 텐데!" 곤잘레스 상사가 숨을 몰아쉬며 말했다.
그리고 다시 문이 벌컥 열리더니 한 남자가 여인숙으로 들어왔다.

조로, 방문하다

p.28 원주민 급사는 바람의 힘에 저항해 문을 닫으려고 황급히 앞으로 갔다가 다시 구석으로 물러났다. 새로 온 자는 길이가 긴 그 방에 있는 자들 쪽으로 등을 보이고 있었다. 그들은 그의 모자가 머리에 깊이 눌러 쓰여 있는 것과 그의 몸에 젖은 긴 망토가 둘러져 있는 것을 볼 수 있었다.

p.29 여전히 그들 쪽으로 등을 보인 채 그는 망토를 풀어 망토에서 빗방울을 털어 냈고 뚱뚱한 여인숙 주인은 황급히 앞으로 갔다. 여인숙 주인은 추운 밤에 묵는 이 남자에게 많은 돈을 청구할 수 있기를 바랐다. 여인숙 주인이 그 남자와 문으로부터 몇 피트 거리 이내에 들어섰을 때 그 낯선 사람이 돌아섰다. 여인숙 주인은 공포로 작은 비명을 지르며 급히 물러났다. 다른 사람들도 숨을 멈췄다.

그들 바로 앞에 서 있는 그 남자는 얼굴에 검은 복면을 쓰고 있었다.
"하! 이게 누구야?" 곤잘레스 상사가 마침내 숨을 멈추더니 말했다.
그들 앞에 있는 남자가 고개를 숙였다.
"조로, 대령이오." 그가 말했다.
"그게 사실이라면 네놈은 덫으로 걸어 들어왔군, 잘난 도둑 양반아!"
"설명을 해 주겠소?" 조로가 요구했다. p.30 그의 목소리는 굵고 낮았다.
"네놈이 네놈의 악명 높은 칼을 넘겨주러 온 건가? 이제 도둑 노릇은 끝낸 건가?"
조로는 웃었지만 그는 눈을 곤잘레스 상사에게서 떼지 않았다.
"내가 항복하러 오지 않았다는 것은 대체로 확실한 것 같소." 조로가 말했다. "볼일이 있어서 온 것이오."
"일이라니?" 곤잘레스 상사가 물었다.
"나흘 전 당신은 원주민 한 명을 잔인하게 때렸소. 그 일은 이곳과 산 가브리엘 사이에 있는 길에서 벌어졌지."
"그것은 네놈이 상관할 바가 아니야."
"나는 억압받는 자들의 친구라서 당신을 벌하려고 온 것이오."

"네놈이 어떻게 나를 벌준다는 거야? 내가 10초를 주겠다. 그러고 나면 내가 네놈을 죽여 상금을 탈 테다."

"당신은 마음이 넓구려."

"그럼 내 임무를 수행해야겠군. 하사, 자네는 탁자 옆에 그대로 있게. 그리고 다른 사람들도 마찬가지야. p.31 이놈을 죽인 것에 대한 현상금은 내 거야!"

곤잘레스 상사는 조로에게 조심스럽게 다가갔다. 갑자기 상사는 뒤로 펄쩍 뛰어 물러났다. 조로가 그때 권총을 들고 있었기 때문이었다.

"물러서시오, 상사!" 조로가 경고했다.

"하! 네놈은 권총을 쓰는 겁쟁이로군! 진짜 사나이는 검으로 싸우지."

"물러서시오, 상사! 다시 경고하지 않겠소."

"누군가 나에게 네놈이 용감한 자라고 하더군. 그런데 네놈은 용기가 없는 것인가?"

조로가 다시 웃었다.

"내가 당신과 싸울 수 있도록 이 방을 안전하게 만들려면 이 권총을 사용할 수 밖에 없소. 지금 여기에 나는 혼자이지만 당신들은 일곱 명이니까."

"아주 기대되는군." 곤잘레스 상사가 대답했다.

"하사와 병사들은 저쪽 구석으로 물러서시오." 조로가 지시했다. p.32 "주인장, 당신은 저들과 함께 가시오. 원주민도 그쪽으로 가시오. 고맙소. 내가 여기에서 이 상사를 벌하고 있는 동안 당신들 중 아무도 나를 방해하지 않기를 바라겠소."

"하!" 곤잘레스 상사가 격분하며 날카롭게 소리 질렀다.

"나는 권총을 왼손에 들겠소." 조로가 계속 말했다. "나는 정식으로 오른손으로 싸우겠소. 그리고 싸우면서 계속 구석을 지켜볼 것이오. 당신들 중 누구라도 움직이면 총을 발사하겠으니 그리 아시오."

조로는 곤잘레스 상사의 눈을 다시 똑바로 쳐다보았는데, 웃음이 그의 복면 뒤로 터져 나왔다.

"조심하시오!"

검 싸움과 페드로의 해명

p.33 곤잘레스 상사는 돌아서서 검을 들고 자세를 취했다. 곤잘레스 상사는 조로가 검을 빼든 것과 왼손에 권총을 머리 위로 높이 들어 올리고 있는 것을 보았다. p.34 게다가 조로는 여전히 웃고 있었으므로 곤잘레스 상사는 격분했다. 검이 부딪쳤다.

곤잘레스 상사는 앞뒤로 움직이며 싸우는 자들에게 익숙했는데, 그런 자들은 싸우면서 많이 움직임으로써 공격할 방법을 찾았다. 하지만 이곳에서 그는 상당히 다른 방법으로 싸우는 남자를 상대하고 있었다. 조로는 싸울 때 전혀 움직이지 않았다.

곤잘레스 상사는 맹렬히 공격했지만 조로는 계속해서 그를 막았다. 그는 조로를 움직이게 만들기를 바라며 뒤로 물러서 보았지만 조로는 자기 자리에 서서 곤잘레스 상사가 어쩔 수 없이 다시 공격하게 만들었다. 그러자 분노가 곤잘레스 상사를 압도했다. 곤잘레스 상사는 자기가 지면 병사들이 다른 사람들에게 말할 것이고 다음날이면 모든 사람이 이 일에 대해 듣게 될까 봐 두려웠다.

곤잘레스 상사는 조로의 발을 떼게 만들어 싸움을 끝내기를 바라며 맹렬히 공격했다. p.35 하지만 곤잘레스 상사는 자신의 공격이 마치 돌벽에 대고 휘두른 듯이 끝나 버리는 것을 알았다. 조로는 곤잘레스 상사를 대여섯 발자국 뒤로 밀어붙였다.

"덤비시오, 상사!" 조로가 말했다.

"네놈이 덤벼 보거라, 이 도둑놈아!" 곤잘레스 상사가 외쳤다. "발걸음을 떼기가 겁나냐?"

"나를 조롱해서 그렇게 하게 만들 수는 없을 것이오." 조로가 대답했다.

곤잘레스 상사는 그제서야 자신이 화가 나 있었음을 깨달았고 화난 자는 잘 싸울 수 없다는 것을 알고 있었다. 그래서 상사는 이제 몹시 냉정해졌고 눈을 가늘게 떴다. 곤잘레스 상사는 다시 공격했고 방어를 하지 않은 부위를 찾았다. 곤잘레스 상사는 평생 전에는 한 번도 해 보지 않은 검술을 구사했다. 하지만 상사의 모든 기술들은 먹힐 생각을 안 했다.

곤잘레스 상사는 물론 상대의 눈을 바라보고 있었고 이제 그는 변화를 보았다. p.36 상대의 눈은 복면 너머로 웃고 있는 듯 보였는데 이제는 가늘어져 있었다.

"우리는 이제 충분히 놀았소." 조로가 말했다. "이제 처벌할 시간이오."

그리고 갑자기 조로는 싸움을 강행했고 한 발 한 발 천천히 앞으로 나오며 곤잘레스 상사를 강제로 뒤로 밀어붙였다. 곤잘레스 상사는 이를 갈며 마음을 다스리려고 애쓰면서 계속 싸웠다.

이제 곤잘레스 상사는 벽에 등을 붙이고 있었다. 곤잘레스 상사는 도둑이 자신을 가지고 놀고 있다는 것을 알았다. 상사는 자신의 자존심을 억누르고 하사와 병사들에게 빨리 들어와 도와 달라고 부탁할 태세였다.

그때 원주민이 잠가 놓았던 문을 급작스럽게 두드리는 소리가 났다. 곤잘레스 상사의 심장은 쿵쿵 뛰었다. 아마도 도와줄 사람이 여기에 온 것이리라.

"우리를 방해하는군." 조로가 말했다. "유감이오. 당신이 마땅히 받아야 할 벌을 줄 시간이 없겠구려. p.37 내가 다시 와야 하겠소."

문을 두드리는 소리는 이제 더 커졌다.

"하! 우리가 여기 조로를 잡고 있다!"

조로가 빠르게 공격하는 동안 그의 칼은 마치 새 생명을 얻은 듯했다.

그리고 갑자기 곤잘레스 상사는 자신의 검이 손에서 빠져나가 공중으로 날아가는 것을 보았다.

"이렇게 됐소이다!" 조로가 외쳤다.

곤잘레스 상사는 죽임을 당하기를 기다렸다. 하지만 그의 목에 닿는 쇠의 느낌은 없었다. 대신 조로는 페드로 곤잘레스 상사의 뺨을 한 대 철썩 때렸다.

"그것은 힘없는 원주민을 학대하는 자에 대한 벌이오!" 조로가 외쳤다.

p.38 곤잘레스 상사는 분노와 수치심으로 울부짖었다. 이제 누군가가 문을 때려 부수고 안으로 들어오려고 하고 있었다. 하지만 조로는 그 일은 거의 염두에 두지 않는 것 같았다. 조로는 창문 아래에 있던 의자 위로 뛰어올랐다.

"다시 만날 때까지 잘 있으시오!" 조로가 외쳤다.

그러고 나서 조로는 산염소가 절벽에서 펄쩍 뛰어내리듯 창밖으로 나갔다. 바람과 비가 들이닥쳐 촛불이 꺼졌다.

"저자를 쫓아라!" 곤잘레스 상사가 날카로운 소리를 질렀다.

하사가 먼저 문으로 가서 문을 활짝 열었다. 마을에서 온 두 남자가 비틀거리며 들어왔다. 곤잘레스 상사와 그의 동료들은 그 남자들을 밀치고 폭풍 속으로 뛰어들었다.

하지만 밖은 너무 어두워서 한 치 앞도 볼 수 없었다. 세차게 내리는 비가 조로의 흔적을 모두 없애 버렸다. 조로는 사라졌고 그가 어느 방향으로 갔는지 말할 수 있는 사람은 아무도 없었다.

p.39 곤잘레스 상사와 병사들은 여인숙으로 돌아왔고 그곳이 그들이 알고 있는 사람들로 꽉 차 있는 것을 발견했다. 그리고 곤잘레스 상사는 또한 그들이 방금 일어났던 일에 대해 들었을 것임을 알았다.

"이 잘난 조로 녀석은 물론 내가 며칠 전 산 후안 캐피스트라노에서 검을 쓰다가 검을 쓰는 손의 엄지손가락이 부러졌다는 것을 알고 있었다오. 그 소식이 조로에게 전해졌던 것이 분명하오. 그래서 조로는 내가 힘을 못 쓸 때 나를 찾아온 거지."

하사와 병사들, 그리고 여인숙 주인은 곤잘레스 상사를 쳐다보았지만 말문을 열 정도로 용감한 사람은 아무도 없었다.

"여기 있던 사람들이 당신들한테 말해 줄 수도 있소." 곤잘레스 상사는 말을 계속했다. "조로가 문으로 들어와 곧바로 망토 속에서 권총을 꺼냈소. 그는 나만 빼고 모두를 강제로 저 구석에 숨게 했소. p.40 나는 숨는 것을 거부했지.

'그럼 당신은 나랑 붙지.'라고 이 잘난 도둑 녀석이 말해서 나는 내 검을 뽑았소. 그랬더니 조로가 나한테 뭐라더라?

'싸워 봅시다.'라고 말하더군. 조로는 나한테 내 공격이 자기 마음에 들지 않으면 나한테 총을 쏘겠다고 하더군."

하사는 말문이 막혔고 뚱뚱한 여인숙 주인은 거의 말문을 열 뻔했지만 곤잘레스 상사가 노려보자 다시 생각해 보고 말을 꺼내지 않기로 했다.

"참 겁쟁이더군!"

"그런데 그자는 어떻게 도망쳤소?" 사람들 중 누군가가 물었다.

"조로는 문을 쾅쾅 두드리는 사람들 소리를 들었소. 조로는 권총으로 나를 위협해서 어쩔 수 없이 내가 내 검을 저 구석으로 던지게 했소. 그는 우리 모두를 위협하고 창으로 달려가 창밖으로 펄쩍 뛰어나갔소. 우리가 어떻게 어둠 속에서 그자를 찾고, 또 비를 뚫고 그자를 따라갈 수 있었겠소? 하지만 나는 지금 결심했소."

p.41 문가에 흥분해서 서 있던 사람들이 갑자기 갈라지며 돈 디에고 베가가 급히 선술집에 들어섰다.

"내가 들은 이 말이 대체 무슨 말인가?" 돈 디에고가 물었다. "조로가 여기 왔다고 하는데."

"사실이네!" 곤잘레스 상사가 대답했다.

"무슨 일이 있었는지 나한테 말해 주겠나?" 돈 디에고가 물었다. "그자의 시체는 어디에 있나?"

곤잘레스 상사는 목이 메였다. 뚱뚱한 여인숙 주인은 웃는 모습을 감추려고 몸을 돌렸다.

"조로는 죽지 않았어." 곤잘레스 상사가 간신히 말했다.

"이야기가 폭력적이라고 해도 자네가 그자를 어떻게 죽였는지 듣고 싶어. 현상금이 얼마였나? 말해 보게, 상사! 주인장, 여기 우리 모두에게 포도주를 주게. 축하합시다!"

곤잘레스 상사는 다시 목이 메였다.

"겸손하게 굴 필요 없네." 돈 디에고가 말했다. p.42 "이야기해 준다고 약속했잖은가. 조로는 어떻게 생겼는가? 우리가 모두 알고 있는 사람일지도 모르겠군. 여러분들 중 누가 나한테 사실을 말해 줄 수는 없겠소?"

"디에고, 자네는 나의 좋은 친구지만 이 이야기는 이제 그만하세."

"나는 이해를 못하겠네." 돈 디에고가 말했다. "나는 단지 자네한테 싸움 이야기를 해 달라고 한 것뿐이잖은가."

"그만 됐다니까!" 거구의 상사가 외쳤다. "나를 조롱하지 말게."

"자네가 싸움을 이기지 못했다는 것이 가능한 일이기나 한가?" 돈 디에고가 물었다. "하지만 분명히 이 잘난 도둑은 자네 앞에서 일어서지도 못했을 거야, 상사. 무슨 일이 있었던 것인가?"

"조로는 권총을 가지고 있었네." 곤잘레스 상사가 말했다. "내가 조로를 찾아서 죽일 거야!"

그러고 나서 무시무시하게 욕을 하면서 곤잘레스 상사는 빗속으로 급히 나갔다. 돈 디에고 베가는 벽난로 쪽으로 몸을 돌리며 미소를 지었다.

아침의 방문

p.43 다음날 아침 아주 새파란 하늘에는 구름 한 점 없었고 햇빛은 찬란했다. 아침나절에 돈 디에고 베가는 집에서 나와 잠시 서서 광장 건너편의 작은 선술집을 흘긋 바라보았다. p.44 집 뒤쪽에서 원주민 하인이 말을 끌고 왔다. 돈 디에고는 자주 말을 타지는 않았지만 매우 좋은 말을

소유하고 있었다. 그 말은 정열과 속력, 참을성이 있었다. (살 수만 있다면) 많은 남자들이 그 말을 사고 싶어 했을 것이다.

안장은 은과 가죽으로 만들어져서 무거웠다. 보석들이 안장 위에서 반짝였다. 다른 사람들이 그 부유한 청년이 어디로 가려는 것인지 궁금해하며 그를 지켜보는 동안 돈 디에고는 말에 올라탔다. 돈 디에고는 말을 출발시켜 큰길을 향해 북쪽으로 난 길을 따라 달렸다.

사람들은 밭과 과수원에서 바삐 일하고 있었고 원주민들은 가축 떼를 지키고 있었다. 이따금씩 돈 디에고는 길에서 낯선 이들을 지나쳤고 그들에게 인사를 했다. 돈 디에고는 자신의 옷에서 먼지를 털어내려고 말을 세웠다. 돈 디에고의 옷은 화창한 오늘 아침, 평소보다 더 화려했다.

p.45 돈 디에고는 4마일을 간 다음 큰길에서 방향을 돌려 건물들이 언덕의 한 면을 등지고 한데 모여 있는 곳으로 이르는, 폭이 좁고 먼지가 풀풀 나는 오솔길로 접어들었다. 돈 디에고 베가는 돈 카를로스 풀리도의 저택을 방문하려는 참이었다.

돈 카를로스는 한때 돈 디에고의 아버지만큼이나 부자였다. 하지만 그는 총독을 화나게 하는 실수를 저질렀다. 총독은 돈 카를로스에게 남은 것이 별로 없게 될 때까지 그의 돈과 땅을 빼앗았다. 하지만 카를로스에게는 여전히 명성과 직위가 있었다.

오늘 아침에 돈 카를로스는 집 밖에 앉아서 옛 시절을 추억하고 있었다. 그의 부인 도나 카탈리나는 하인들을 감독하며 집 안에 있었다. 그의 외동딸인 롤리타는 기타를 연주하고 열여덟 살 아가씨가 꿀 법한 그런 꿈을 꾸며 집 안에 있었다. **p.46** 돈 카를로스는 멀리서 돈 디에고가 다가오고 있는 것을 보았다. 돈 카를로스는 돈 디에고의 아버지와 친구였다. 그래서 돈 카를로스는 원주민 하인을 시켜 의자와 탁자를 가져오고 포도주와 케이크를 내오게 했다.

돈 카를로스는 여인들에게도 돈 디에고 베가가 가까이 오고 있다고 말했다. 도나 카탈리나는 즐겁게 노래를 흥얼거리기 시작했고 롤리타는 창으로 달려가 오솔길을 내다보았다. 돈 디에고가 집 앞에 도착하자 돈 카를로스가 그를 반갑게 맞았다.

"자네가 이곳에 와서 기쁘네, 돈 디에고." 청년이 다가오자 돈 카를로스가 말했다.

"먼지 날리는 길을 한참 왔습니다." 돈 디에고가 말했다. "말을 타고 먼

길을 오는 것도 저를 지치게 하네요."

돈 카를로스는 그 말에 하마터면 자신도 모르게 웃을 뻔했다. 4마일 정도 거리를 말을 타는 것은 청년을 지치게 만들기에 분명 충분하지 않기 때문이었다. 여인들은 손님이 자신들을 찾지 않는다면 기꺼이 모습을 드러내어서는 안 되겠기 때문에 집 안에 그대로 있었다.

p.47 "레이나 드 로스앤젤레스의 상황은 어떤가?" 돈 카를로스가 물었다. "그곳을 방문한 지도 한참 됐네."

"맨날 똑같아요. 어제 저녁에 조로가 선술집에 나타나 거구의 곤잘레스 상사와 결투한 것만 빼고요." 돈 디에고가 말했다.

"아! 조로라고 그랬나, 어? 그래서 싸움의 결과는 어땠나?"

"상사가 저한테 사실을 말해 주지는 않았지만 거기 있던 하사가 저한테 말해 주기를 조로가 상사를 가지고 놀다가 결국에는 그의 무기를 빼앗았대요. 그리고 나서 조로는 빗속으로 몸을 피하려고 창문으로 뛰어내렸다는군요. 그들은 조로의 흔적을 찾을 수 없었고요."

p.48 "영리한 자로군." 돈 카를로스가 말했다. "적어도 나는 조로에게 겁먹을 게 하나도 없어. 훔쳐갈 게 아무것도 없거든. 총독이 다음번에는 내 저택을 빼앗을지도 몰라."

"그런 일은 중단되어야 해요!" 돈 디에고는 보통 때보다 열정적으로 말했다.

돈 디에고, 신부를 구하다

p.49 돈 디에고는 포도주를 천천히 홀짝홀짝 마셨다. 돈 카를로스는 어리둥절하여 돈 디에고를 바라보았다. 돈 디에고가 오늘 여기에 왜 온 것일까?

"조로 이야기를 해 드리려고 여기까지 말을 타고 온 것은 아니에요." 돈 디에고가 잠시 후 설명했다. p.50 "저는 어제 아침에 아버지와 긴 대화를 나누었어요. 아버지께서는 제가 스물다섯 살이 되어 간다는 것을 짚어 주셨어요. 아버지께서는 이제 제가 진정한 사나이답게 행동할 때라고 생각하세요. 저 정도의 재산과 지위를 가진 남자라면 반드시 해야 할 일들이 있는 법이라고요. 저희 아버지께서 돌아가시면 제가 외아들이니까 자연히 그 재산을 받게 될 거예요. 그 부분까지는 괜찮아요. 하지만 제가 죽으면 어떤 일이 벌어질까요?"

"이해가 되네."

"아버지께서는 제 나이의 젊은이라면 아내와 아이들이 있어야 한다고 제게 말씀하셨어요. 그래서 저는 아내를 얻기로 결심했어요. 그래서 제가 그 일로 아저씨를 뵈러 온 거예요." 돈 디에고가 말했다.

"그 일로 나를 만나러 왔다고?" 돈 카를로스는 두려움과 희망을 동시에 느끼며 간신히 말문을 열었다.

"저는 다른 남자들처럼 되고 싶지 않아요. 여자를 쫓아다니고 정신 나간 멍청이처럼 그 여자에게 노래를 불러 주는 것은 너무 어리석어 보여요. 그리고 결혼식 계획을 짜는 것은 너무 지루하지요. 저는 부자니까 결혼식은 화려하고 복잡해야겠지요, 그리고 원주민들에게 잔치를 베풀어 주어야 하겠고……."

p.51 "대부분의 청년들은 여인의 마음을 얻으려고 노력하는 것을 즐기고 성대하고 유행에 민감한 결혼식을 하면 자랑스러워한다네."

"분명 그러겠지만 성가신 일이에요. 아저씨는 재산을 잃으셨을지는 모르지만 아직 명성과 가문은 잘 알려져 있고 존중받지요. 아저씨께는 외동딸 롤리타가 있잖아요. 그녀는 아름답지요. 그리고 그녀가 학식을 갖추고 있다는 이야기를 들었어요. 저는 롤리타가 제 아내가 되면 좋겠다고 생각했습니다."

"자네가 지금 내 딸과 결혼하겠다고 허락을 구하고 있는 것인가?"

"맞아요, 아저씨."

돈 카를로스가 미소 지으며 돈 디에고의 손을 잡았다.

p.52 "나는 내 딸이 귀족과 결혼하기를 원하네. 허락하겠네."

돈 카를로스는 기뻤다. 돈 카를로스는 다시 중요하고 권력 있는 인물이 될 것이다. 돈 카를로스는 원주민을 불러 부인을 불러오게 했고 몇 분만에 도나 카탈리나가 미소 지으며 손님을 맞으러 나타났다. 그녀는 이미 대화를 듣고 있었기 때문이었다.

"돈 디에고가 우리 딸과 결혼을 전제로 교제하게 해 달라고 허락을 구하는군." 돈 카를로스가 설명했다.

"그런 결혼은 자랑할 만한 결혼이 될 거예요." 도나 카탈리나가 말했다. "롤리타의 마음을 얻기를 바랄게요."

"말도 안 되는 일은 없을 거라고 저는 생각하겠습니다. 롤리타가 저를 원해서 저를 차지하든지 아니면 그렇게 하지 않든지 둘 중 하나죠. 제가 롤리타의 창 밑에서 기타를 연주하거나 아니면 그녀의 손을 잡는다고 하면 그녀의 마음이 바뀔까요?"

"당연하지." 돈 카를로스가 말했다.

"아, 여보, 하지만 젊은 아가씨는 쟁취되기를 원하지요." 도나 카탈리나가 말했다. p.53 "평생 동안 여자는 연인이 말해 주었던 아름다운 말들과 첫 키스를 기억하고 시냇가에 서서 서로의 눈을 들여다보던 때를 기억할 거예요."

"저는 그런 일에 대해서는 아무것도 모릅니다." 돈 디에고가 대답했다. "아주머니께서는 제가 이런 일들을 꼭 해야 한다고 생각하십니까?"

"적어도 조금은 노력해 봐야 할 거야. 롤리타는 벌써 자네를 원한다고 나는 확신하지만 그런 일이 롤리타를 행복하게 해 줄 걸세." 돈 카를로스는 부자 사위를 잃을까 봐 두려워하며 대답했다.

"그럼 제 하인들 중 한 명에게 그녀의 창 아래에서 기타를 연주하라고 할게요."

"그러면 디에고 씨는 안 오고요?" 도나 카탈리나가 곤혹스러워하며 물었다.

"밤에는 너무 추워요! 그리고 저보다는 원주민이 기타를 더 잘 연주하기도 하고요."

"그런 일은 생전 처음 듣네요!" 도나 카탈리나는 간신히 말을 꺼냈다.

p.54 "돈 디에고가 원하는 대로 하게 내버려둡시다." 돈 카를로스가 설득하려고 했다.

"저는 아저씨께서 모든 것을 처리하신 다음 저에게 알려 주실 거라고 생각했어요. 저는 집 단장을 하고 하인들을 더 구하겠어요. 저한테 결혼식을 언제 하면 될지 기별해 주십시오."

돈 카를로스 풀리도는 이제 조금 화가 났다.

"자네, 내 아내와 교제하는 것은 내게 스트레스를 주었고 아내는 자신의 마음을 얻기 위한 일을 하게 만들었지. 하지만 나는 아무것도 바꾸려고 하지 않았지. 자네는 후회하게 될 거야. 그러면 내 딸을 보겠나?"

"그래야 하겠지요." 돈 디에고가 말했다.

도나 카탈리나가 딸을 불러오려고 집으로 들어갔다. 롤리타는 검은 눈동자에 까맣고 긴 머리카락이 반짝거리는 작고 앙증맞은 아가씨였다.

"다시 만나게 되어 반가워요, 돈 디에고." 롤리타가 말했다. p.55 돈 디에고는 그녀에게 고개를 숙였다.

나이 든 부부는 젊은이들에게 그들만의 비밀스러운 시간을 조금 주기 위해 안으로 들어가기는 했지만 그들 두 사람이 대화하는 것을 들을 수 있을 만큼 가까이에 있었다.

"나는 오늘 아침 당신의 아버님께 청혼을 허락해 달라고 부탁드렸습니다. 그냥 말만 해 줘요. 그러면 나는 내 아버지께 말씀 드릴 것이고 당신의 집에서는 결혼식 준비를 하게 될 거예요. 어떤 원주민 하인을 통해 나한테 기별해 주면 됩니다. 꼭 그럴 필요가 없는데 말을 타는 것은 나를 힘들게 하니까요."

이때 롤리타의 예쁜 눈이 화가 난 듯 보이기 시작했지만 돈 디에고는 알아차리지 못했다.

"내 아내가 되는 것에 동의하나요?" 돈 디에고가 살짝 여자에게 몸을 굽히며 물었다.

롤리타의 얼굴은 빨갛게 달아올랐고 그녀는 의자에서 벌떡 일어났다.

p.56 "돈 디에고 베가, 당신은 귀족 집안 출신이고 재산이 많지요. 하지만 당신은 생기가 없어요. 이것이 당신이 생각하는 연애인가요? 당신은 뭐가 문제인 거예요?"

도나 카탈리나는 딸에게 진정하라는 신호를 보내려고 애썼지만 롤리타는 상관하지 않았다.

"나와 결혼하는 남자는 내 사랑을 얻어야 해요." 롤리타가 계속 말했다. "당신이 기타를 든 하인을 보내면 끓는 물을 그자 머리 위에 부어 버릴 거예요. 잘 가요!"

롤리타는 도도하게 머리를 들어 올리고 안으로 들어갔다. 돈 디에고 베가는 머리를 긁적였다.

"저 아가씨는 나를 좋아하지 않는 것 같군." 돈 디에고는 소심한 목소리로 말했다.

다른 부류의 남자

p.57 돈 카를로스는 돈 디에고를 위로해 주려고 그를 만나러 서둘러 나왔다.

"여자들은 이상하고 감정적이야. 여자들이 무슨 생각을 하고 있는지 누가 알겠나!"

"그런데 저는 제가 말한 것이 잘못되었다고 생각하지 않아요."

p.58 "걱정하지 말게. 아내랑 나는 둘 다 자네가 그 아이 남편으로 적합한 사람이라고 동의했네. 여자는 남자에게 대들다가 항복하는 것이 보통이지. 아마 다음번에 자네가 우리를 찾아오면 그 아이는 더 상냥하게 굴 거네."

그래서 돈 디에고는 돈 카를로스 풀리도와 악수를 하고 말에 올라타고서 천천히 길을 내려왔다. 돈 카를로스는 몸을 돌려 다시 집에 들어가 아내와 딸을 마주했다.

"너는 어떻게 그를 거절할 수 있니?" 도냐 카탈리나는 울고 있었다.

"그는 재산과 지위를 가지고 있으니 내 사위가 된다면 나의 파산한 상황을 개선할 수 있을 거야." 돈 카를로스가 자기 딸의 얼굴에서 눈을 떼지 않으며 분명히 말했다.

"돈 디에고는 잘생겼잖니." 롤리타의 어머니가 덧붙였다.

"맞아요!" 롤리타가 자신의 예쁜 머리를 치켜들고 부모를 용기 있게 응시하며 소리쳤다. p.59 "그게 저를 화나게 하는 거예요! 하지만 이 남자는 연인으로서는 꽝이에요."

"돈 디에고는 다른 여자들 전부보다 너를 더 마음에 들어했어. 그렇지 않다면 오늘 여기에 말을 타고 오지도 않았을 거야." 돈 카를로스가 말했다.

"분명히 그 일이 그를 힘들게 했을 거예요!" 그 아가씨가 말했다. "돈 디에고는 잘생겼고 부자이고 재능이 있어요. 그가 다른 모든 청년들을 이끌 수도 있겠죠. 하지만 돈 디에고한테는 겨우 자기 옷 입을 힘 정도만 있다니까요."

"하지만 돈 디에고는 너를 아내로 맞고 싶어 하는 귀족이야."

"돈 디에고는 귀족이 아니라 사나이답게 행동해야 해요." 롤리타가 대답했다.

"네가 그런 좋은 기회를 던져 버릴 리는 없을 거야. 그 일에 대해 더 생각해 봐라, 애야. 돈 디에고가 다시 부르면 기분 좋게 있어야 한다."

p.60 그리고 나서 돈 카를로스는 모녀 사이에 벌어지는 언쟁을 피하기 위하여 서둘러 나왔다.

나중에 롤리타는 밖으로 나가 분수 근처에 앉았다. 롤리타 말고는 모두가 잠을 자고 있었다.

롤리타는 자신이 돈 디에고와 결혼하면 그 결혼이 아버지에게 도움이 될 것이라는 점을 알고 있었고 아버지를 돕고 싶었다. 돈 디에고는 그들에게 돈을 주고 총독으로부터 보호해 줄 것이다. 하지만 어떻게 그런 게으르고 생기 없는 남자와 결혼할 수 있다는 말인가? 마침내 롤리타는 분수 옆에 몸을 웅크리고 잠이 들었다.

그리고 갑자기 롤리타는 팔에 느껴지는 감각 때문에 잠에서 깨어 급히 일어나 앉았고 하마터면 비명을 지를 뻔했다.

롤리타 앞에는 몸을 긴 망토로 감싼 한 남자가 서 있었고 그의 얼굴은 검은 복면으로 가려져 있었다. 롤리타는 이 사람이 조로가 분명하다는 것을 깨달았고 두려워졌다.

p.61 "쉿, 아가씨, 아가씨한테는 아무런 해도 끼치지 않을 거예요." 그 남자가 속삭였다. 남자는 뒤로 물러서서 모자를 벗고 그녀 앞에서 몸을 낮게 숙여 인사했다.

"나는 조로, 캐피스트라노의 재앙이라고 알려져 있지요."

"그런데 당신은 여기 있네요."

"아가씨한테는 아무런 해를 끼치지 않을 작정이고 이 저택의 누구에게도 해를 끼치지 않을 겁니다." 조로가 말했다. "저는 정의롭지 못한 자들을 벌하지만 아가씨 아버님은 그런 분이 아니죠. 저는 아가씨 아버님을 대단히 높이 평가합니다. 저는 아가씨 아버님께 못된 짓을 하는 사람들을 응징하고 싶어요."

"고마워요, 조로."

"제가 지쳤는데 이 저택은 쉬기에 아주 훌륭한 곳이군요." 조로가 말했다. "저는 모두 잠들었을 거라고 생각했어요. 아가씨를 깨우지 말았어야 했지만, 아가씨가 너무 아름다워서 저는 말을 걸 수밖에 없었습니다."

p.62 롤리타는 얼굴을 붉혔다.

"제 미모가 다른 남자들에게도 그렇게 영향력을 발휘하면 좋겠네요."

"그럼 그렇지 않다는 말인가요? 하지만 그럴 리가 없잖아요!"

"남자들은 제 아버지를 얕보지요. 구혼자가 한 명 있기는 해요." 롤리타는 계속 말했다. "하지만 그 사람은 그리 신경 쓰는 것 같지 않아요."

"하! 그 사람 어디 아픈 건가요?"

"그는 아주 부자여서 자기가 청하기만 하면 누구나 자기와 결혼할 것이라고 생각하는 것 같아요."

"지독한 멍청이로군요!"

"누가 와서 당신이 여기 있는 것을 볼지도 몰라요! 당신이 체포될지도 모르잖아요!"

"그럼 아가씨는 도둑이 잡히는 것을 보고 싶지 않습니까? 아가씨 아버님께서 도둑을 잡으면 총독이 좋아해 줄지도 모르는데요."

"가시는 게 좋겠어요." 롤리타가 말했다.

"아가씨께서 제게 연민을 가지고 계시니 기쁘군요. 하지만 저는 여기 잠시 있어야겠어요."

p.63 조로는 벤치에 앉았고 롤리타는 될 수 있는 한 멀찍이 자리를 피하고서 일어나기 시작했다.

하지만 조로는 그녀의 한쪽 손을 잡고 재빨리 그 손에 입을 맞추었다.

"이보세요!" 롤리타는 소리치면서 손을 잡아 뺐다.

"뻔뻔한 짓이라는 것은 알지만 제 감정을 표현할 길이 없네요."

"제가 도와달라고 소리 지르기 전에 가 보세요!"

"그럼 제가 처형당할 텐데요?"

"당신은 도둑일 뿐이에요."

"하지만 저도 다른 남자와 마찬가지로 삶을 사랑합니다."

"소리칠 거예요! 당신을 잡으면 준다는 현상금이 있어요."

"아, 아가씨는 잔인하군요. 아가씨를 지키려고 한 남자가 죽을 거예요. 참 은혜로운 일이로군요! 참 상큼한 일이에요!"

p.64 "마지막이에요. 소리 지를 거예요. 그러면 사람들이 당신을 체포할 거예요!"

"아가씨 손을 다시 한 번 내밀어 주시면 가겠습니다."

롤리타는 등을 돌리고 손을 주었다. 조로는 롤리타의 몸을 자기 쪽으로 돌렸고 그녀의 눈이 조로의 눈을 깊이 들여다보게 되었다. 그녀는 조로가 여전히 그녀의 손을 잡고 있다는 것을 깨닫고 손을 뺐다. 그러고 나서 롤리타는 돌아서서 재빨리 집으로 뛰어 들어갔다.

심장이 쿵쿵 뛰고 있는 것을 느끼며 롤리타는 창가 커튼 뒤에 서서 지켜보았다. 조로는 분수를 떠났고 롤리타는 말발굽 소리를 들었다.

"돈 디에고가 저 사람의 반만큼이라도 용감하면 좋을 텐데!"

돈 카를로스, 수작을 부리다

p.65 롤리타는 창에서 돌아서서 아무도 조로를 보지 못한 것을 고맙게 여겼다. 그러고 나서 저녁이 되었고 원주민의 오두막들 옆 아래쪽으로 커다란 불이 지펴지고 그들은 요리를 하고 먹으며 그날 있었던 일에 대해 이야기하려고 불 주위에 모였다. p.66 집 안에서는 저녁 식사가 준비되었고 누군가가 문을 두드렸을 때는 식구들이 식탁에 막 앉으려던 참이었다.

원주민 한 명이 달려가서 문을 열었고 조로가 방으로 들어왔다. 조로는 고개를 숙였다.

"방해해서 죄송합니다. 저는 조로라고 알려진 사람입니다. 하지만 놀라지 마십시오. 저는 도둑질을 하려고 온 것이 아니니까요."

돈 카를로스는 천천히 일어났다. 롤리타는 조로가 이전에 찾아왔던 것을 그녀의 부모에게 말할까 봐 두려웠다.

"도둑놈!" 돈 카를로스가 고함쳤다. "당신이 감히 이 청렴한 집에 들어오는 게 말이 되오?"

"저는 절대 당신의 적이 아닙니다, 돈 카를로스 씨." 조로가 대답했다. "사실 저는 당신이 저를 마음에 들어 하실 만한 일을 좀 했습니다."

그것은 사실이었다. 돈 카를로스는 알고 있었지만 그것을 인정하고 총독을 노엽게 할 만큼 어리석지는 않았다.

p.67 "이곳에서 무엇을 원하는 거요?" 돈 카를로스가 물었다.

"음식과 쉴 곳을 저한테 주십사 부탁드리는 바입니다."

"도둑이 이 집의 환대를 요구할 자격은 없소."

"당신은 총독이 듣게 될까 봐 저에게 음식을 내주시는 것을 겁내시는 것 같군요." 조로가 대답했다. "그렇게 할 수밖에 없었다고 말씀하셔도 됩니다. 그리고 그게 사실이구요."

그때 한쪽 손이 망토 속에서 나왔고 그 손에는 권총이 쥐어져 있었다. 도냐 카탈리나는 악 소리를 내고 기절했다.

"좋소, 음식과 마실 것을 먹을 수 있을 것이오. 하지만 최소한 누군가를 불러 내 부인을 데리고 가서 보살피게 해 주시오."

"직접 여기서 부인을 데리고 나가셔도 됩니다. 하지만 아가씨는 여기 남아 있어야 합니다."

돈 카를로스는 그 남자를 쳐다보고 딸을 바라보더니 그녀가 겁내지 않는다는 것을 알았다. p.68 돈 카를로스는 아내를 품에 들어 올리고 출입구로 데리고 나갔다.

조로는 식탁 끝으로 걸어가서 다시 롤리타에게 고개를 숙이고 그녀 옆의 의자에 앉았다.

"바보 같은 짓이 틀림없지만 저는 당신의 얼굴을 다시 봐야만 했어요." 조로가 말했다.

롤리타는 얼굴이 빨개져서 고개를 돌렸고 조로는 자신의 의자를 더 가까이 옮겨 그녀의 손을 잡으려고 손을 뻗었지만 그녀는 그에게서 손을 빼냈다.

"음악 같이 감미로운 아가씨의 목소리를 듣고 싶은 열망이 자주 나를 여기로 데려올지도 모르겠습니다." 조로가 말했다.

"이보세요! 여기 다시 오시면 안 돼요. 다음번에는 소리를 지를 거예요. 그러면 당신은 체포될 거예요."

그때 돈 카를로스가 그 방으로 돌아왔고 조로는 일어나서 다시 한 번 고개를 숙였다.

"부인께서 정신을 차리셨나 보군요." 조로가 말했다. p.69 "제 보잘것없는 권총을 보여드려서 부인을 놀라게 한 것은 유감입니다."

"내 아내는 괜찮소." 돈 카를로스가 말했다 "나는 당신이 고기와 마실 것을 원했다는 것을 믿는다오. 당신은 사실 내가 감탄해 온 일을 해 왔고 나는 당신에게 당분간 환대를 베풀게 되어 기쁘다오. 하인이 당신에게 금방 음식을 가져다 줄 것이오."

돈 카를로스는 문으로 가서 원주민 하인을 불러 명령을 내렸다. 돈 카를로스는 자신에게 만족했다. 아내를 옆방에 옮기는 것이 그에게 기회를 준 것이다. 돈 카를로스는 조로가 자기 집에 있다는 것을 마을의 군인들에게 알리기 위해 마을로 하인을 보냈다. 이제 돈 카를로스는 군인들이 도착할 때까지 조로를 붙잡고 있어야 했다. 그는 군인들이 오면 도둑이 죽거나 체포될 것임을 알고 있었기 때문이었다. 그때는 어쩌면 총독이 돈 카를로스에게 상을 내릴지도 모를 일이었다.

p.70 "나는 당신이 산타바바라에서 한 일을 들었소. 나는 당신 편에서 이야기를 들어 본 적이 없소."

"정말 별 것 아니었습니다." 조로가 말했다. "저는 해 질 무렵 산타바바라 근처에 도착했어요. 가게를 운영하는 자가 그곳에 한 명 있었는데 그자는 원주민들을 때리고 수도사들에게서 돈을 훔치고 있었지요. 그래서 저는 그자를 벌하기로 결심했어요. 저는 그자가 훔친 돈을 저한테 주게 만들었지요."

"훌륭하오!" 돈 카를로스가 외쳤다.

"그리고 저는 말에 올라타고 도망쳤어요. 원주민의 헛간에서 저는 제가 억압받는 자들의 친구라고 쓴 벽보를 만들었지요. 저는 그 벽보를 군인들이 주둔하는 곳에 핀으로 꽂아 놓았어요. 바로 그때 군인들이 쏟아져 나왔지요. 저는 그들의 머리 위로 총을 발사했고 그들이 당황해 있는 동안 언덕 쪽으로 말을 몰았지요."

"그런데 왜 총독이 특히 당신에게 적의가 있는 거요?" 돈 카를로스가 물었다. p.71 "다른 도둑들도 있는데, 총독은 그들을 염두에 두고 있지도 않는다오."

"하! 저는 개인적으로 한 번 총독과 싸운 적이 있어요. 총독은 군인들 몇 명과 공무차 샌프란시스코 드 아시스에서 산타바바라로 마차를 몰고 가고 있었어요. 그들은 강가에서 멈췄고 총독이 자기 친구들이랑 이야기를 나누는 동안 군인들은 흩어졌지요. 저는 숲 속에 숨어 있다가 갑자기 밖으로 뛰쳐나갔지요.

저는 권총을 총독의 머리에 겨누고 그에게 그의 두둑한 지갑을 넘기라고 명령했고, 그는 시키는 대로 했어요."

"그리고 도망친 거로군!" 돈 카를로스가 외쳤다.

하인이 음식이 놓인 쟁반을 가져와서 조로 앞에 놓고서는 공포로 눈이 휘둥그레져서는 가능한 황급히 물러났다. 하인은 조로에 대한 거짓 이야기들을 많이 들었던 것이었다.

p.72 "이 총을 식탁에 두고 먹겠습니다. 죄송합니다. 하지만 제게 주신 음식은 잘 먹겠습니다."

돈 카를로스와 그의 딸은 멀찍이 떨어져 앉았고 도둑은 즐겁게 먹었다. 이따금씩 조로는 그들과 이야기를 하려고 먹는 것을 멈추었다. 돈 카를로스는 하인이 돌아오기를 기다리는 동안 조로가 부탁하는 것은 무엇이든 다 들어주었다.

"자네가 가져가도록 약간의 음식을 준비시키고 있네." 카를로스가 말했다. "그 음식을 가져오는 동안 내가 실례해도 되겠나? 내 딸이 자네를 접대할 걸세."

조로는 고개를 숙였고 돈 카를로스는 급히 방에서 나갔다. 하지만 돈 카를로스는 열의가 넘쳐 실수를 저질렀다. 그런 식으로 아가씨를 혼자 남자 손님과 단둘이 남겨 놓는 것은 흔한 일이 아니었다. 조로는 즉시 돈 카를로스가 자신을 일부러 붙잡아 놓고 있다는 것을 짐작했다.

"이보세요!" 롤리타가 방 건너편에서 속삭였다.

"무슨 일입니까?"

p.73 "당장 가셔야 해요. 우리 아버지께서 군인들을 데려오라고 사람을 보내셨을 거예요."

"내일 오후에 다시 와도 될까요?"

"안 돼요! 이게 마지막이어야 해요, 조로. 당신 갈 길을 가시고 몸조심하세요. 당신은 제가 감탄하는 일을 하셨어요. 그래서 당신이 붙잡히는 것을 보고 싶지 않아요."

그때 돈 카를로스가 방으로 돌아왔고 조로는 그의 얼굴 표정에서 군인들이 오고 있다는 것을 알았다. 돈 카를로스는 꾸러미를 식탁 위에 올려놓았다.

"당신이 가지고 갈 음식이오." 돈 카를로스가 말했다. "당신의 모험담을 우리에게 더 들려주지 않겠소?"

"이미 제 이야기를 너무 많이 했습니다. 감사합니다. 그러면 이제 가 봐야겠습니다."

"최소한 포도주 한 잔만이라도 더 드시오."

p.74 "군인들이 너무 가까이에 있는 것 같군요, 돈 카를로스 씨."

그 말에 돈 카를로스의 얼굴이 하얗게 질렸다. 돈 카를로스는 조로가 자신에게 총을 쏠까 봐 두려웠다.

"돈 카를로스 씨, 용서해 드리지요. 좋은 밤 보내십시오. 그리고 안녕히 계십시오."

그때 겁에 질린 하인이 문 안으로 급히 들어왔다.

"주인님! 군인들이 왔습니다!" 하인이 소리쳤다. "군인들이 집을 둘러싸고 있어요!"

부딪치는 검날

p.75 조로는 식탁 위로 뛰어올라가 촛불을 끄고 방을 어둡게 만들었

다. 잠시 동안 롤리타는 남자의 팔이 자신의 허리를 감싸고 부드럽게 힘을 주는 것을 느꼈다.

"다시 볼 때까지 안녕." 조로가 롤리타의 귀에 속삭였다.

p.76 돈 카를로스는 고함을 치고 있었고 군인들은 문을 쾅쾅 두드리고 있었다. 조로는 방에서 달려 나가 옆방으로 들어갔는데, 그 방은 우연히도 부엌이었다. 원주민 하인들은 도망쳤고 조로는 그곳의 촛불도 껐다.

그러고 나서 조로는 파티오 쪽으로 열려 있는 문으로 달려가 아주 이상한 목소리로 고함을 쳤다. 군인들이 현관문으로 달려 들어왔을 때 그들은 집 뒤쪽에서 나는 말발굽 소리를 들었다. 말발굽 소리는 멀리 사라져 갔지만 군인들은 말이 가고 있는 방향에 주목했다.

"악마 같은 놈이 도망친다!" 곤잘레스 상사가 목소리를 높여 고함쳤다. "저자를 뒤쫓아라!"

거구의 상사와 그의 병사들이 집에서 달려 나와 말발굽 소리를 따라갔다.

"불을 켜! 불을 켜라!" 돈 카를로스가 집 안에서 목소리를 높여 고함치고 있었다.

p.77 하인 한 명이 왔고 다시 촛불이 켜졌다. 돈 카를로스는 방 한가운데에 서서 주먹을 부르르 떨었다.

"조로는 도망쳤어!" 돈 카를로스가 말했다. "군인들이 그자를 잡기를 바랐는데."

"적어도 조로는 영리하고 용감해요." 롤리타가 말했다.

"그건 인정하지만 그자는 도둑이야!" 돈 카를로스가 큰 소리를 냈다. "그자가 왜 내 집에 온 것이지?"

롤리타는 알 것 같았지만 자신이 부모에게 그 이유를 설명하는 일은 피하려고 했다. 롤리타의 얼굴에 희미한 홍조가 떠올랐다.

돈 카를로스는 현관문을 활짝 열고 귀를 기울이며 집 안쪽에 서 있었다. 그의 귀에 질주하는 말발굽 소리가 다시 한 번 들렸다. 한 남자가 급히 현관문 쪽으로 왔다. 그 사람은 라몬 대장, 즉 레이나 드 로스앤젤레스의 사령관이었다.

p.78 "내 부하들은 어디에 있습니까?" 대장이 외쳤다.

"부하들은 도둑을 추격하고 있소." 돈 카를로스가 알려 주었다.

"하! 그들이 이 잘난 새를 잡으면 좋겠습니다. 조로는 영리한 신사지만 언젠가는 잡힐 겁니다!"

롤리타는 구석 자리로 다시 물러나 그 군인을 관찰했다. 군인은 못생기지 않은 외모에 제복을 잘 갖추어 입고 있었다. 대장으로 말할 것 같으면 그의 눈에 도나 카탈리나를 기쁘게 하는 갑작스러운 눈빛이 서렸다. 롤리타가 돈 디에고를 사랑할 수 없다면 어쩌면 이 대장을 사랑할 수 있을지도 모르리라.

"지금 이 어둠 속에서는 제가 제 부하들을 찾을 수 없을 겁니다. 그러니 잠시 여기 머물면서 그들을 기다리게 해 주십시오."

"되고 말고요." 돈 카를로스가 말했다. "앉으시오, 대장. 내가 하인에게 포도주를 가져오게 시키지요."

"조로 같은 자는 오래 버티지 못합니다. 그자는 곧 잡힐 거예요."

p.79 "그건 맞아요." 돈 카를로스가 말했다. "그자가 오늘 밤에 우리한테 자기가 한 일들을 떠벌리고 있었소."

"저는 조로가 떠들썩하게 산타바바라를 방문했을 때 그곳에서 사령관으로 있었습니다." 대장이 설명했다. "하지만 저는 그날 밤 바빠서 그를 마주칠 기회가 없었지요. 오늘 밤에는 통지를 받자마자 왔습니다. 조로가 제 행방을 알고서 저를 만나지 않으려고 조심하는 것 같군요. 상황이 바뀌는 날이 오기를 바라는 바입니다."

"대장님께서는 조로를 이길 수 있다고 생각하세요?" 도나 카탈리나가 물었다.

"물론이지요! 그자는 검술이 그저 평균 정도라고 들었습니다."

방 한 구석에는 벽장이 하나 있었는데 이제 그 문이 조금 열렸다.

p.80 "그자는 죽어야 해요." 라몬 대장이 계속 말했다. "그자는 사람들을 다룰 때 잔인하죠. 듣기로는 자주 사람들을 죽인다지요."

벽장 문이 벌컥 열리며 조로가 방으로 걸어 들어왔다.

"나에 대해 거짓말을 한 것에 대해 당신을 벌해야겠소!" 조로가 외쳤다.

돈 카를로스는 놀라서 숨을 멈췄다. 도나 카탈리나는 기절했다. 롤리타는 그 남자의 말에 약간의 자부심을 느꼈고 조로를 많이 걱정했다.

"하! 그것은 단지 속임수에 불과했소. 내 말은 도망을 갔지만 나는 아니었지."

"그럼 이제 네놈이 도망갈 곳은 없을 것이다!" 라몬 대장이 검을 뽑으며 외쳤다.

"물러서시오!" 조로가 갑자기 권총을 꺼내며 외쳤다. "나는 당신과 기꺼이 싸우겠소만 싸움은 공정해야 하오. 돈 카를로스 씨, 아내분과 따님을 안고 구석으로 물러서 있으세요."

p.81 "당신이 도망간 줄 알았소!" 돈 카를로스가 다시 간신히 말문을 열었다.

"내 말은 훈련이 잘 되어 있죠. 제가 소리치는 것을 들으면 달려올 거예요. 그러고 나서 돌아와서 나를 기다릴 겁니다. 총은 식탁 위에 올려 두겠습니다. 돈 카를로스 씨께서 숙녀분들과 구석에 계시면 총은 거기 그대로 있을 겁니다. 자, 대장!"

조로는 자신의 검을 뽑아들었고 라몬 대장은 반가움의 기합 소리를 내면서 자신의 검과 조로의 검을 교차시켰다. 라몬 대장은 훌륭한 검객으로 평판이 나 있었으므로 조로는 처음에 신중을 기했다.

라몬 대장은 조로를 뒤로 밀어붙였는데, 그의 검은 궂은 하늘의 여러 줄기 번갯불처럼 번쩍였다. 이제 조로는 부엌 문 근처의 벽에 거의 기대 있었다. 그리고 그때 조로가 웃었다. 이제 조로는 대장이 검을 휘두르는 법을 알았다. p.82 갑자기 조로가 맹렬히 공격하기 시작했다.

"당신을 죽이는 것은 참 안된 일이오." 조로가 말했다. "당신은 뛰어난 관리라고 들었고 군대에는 그런 사람이 조금은 필요하오. 하지만 당신은 나에 대해 거짓말을 했으므로 그 값을 치러야 하오."

"그렇게 자신 있으면 내 오른쪽 어깨를 관통시켜 보아라." 라몬 대장이 말했다.

"잘 방어하시오, 대장. 나는 시키는 대로 할 거니까. 하!"

조로는 대장이 도로 한 바퀴를 돌게 하여 그를 뒤로 물러서게 한 다음 구석으로 몰아붙여 싸웠다.

"자, 대장!" 조로가 외쳤다.

그렇게 하여 조로는 대장이 말한 대로 그의 오른쪽 어깨를 찔렀고 검을 뽑으면서 날을 조금 비틀었다. 조로는 조금 낮게 찔렀고 라몬 대장은 바닥에 쓰러졌다.

조로는 뒤로 물러나 검을 검집에 넣었다.

p.83 "이렇게 일을 벌여 놓고 떠나는 것에 대해서는 사과드립니다. 대장이 심하게 다친 것은 아니라는 것을 아실 겁니다, 돈 카를로스 씨."

조로는 모자를 벗고 그들 앞에서 깊이 고개를 숙였다.

"안녕히 계십시오!"

질투의 흔적

p.84 라몬 대장이 부상당한 곳은 소독되고 치료되었다. 그는 돈 카를로스의 집에서 포도주를 마시며 앉아 있었다.

도나 카탈리나와 롤리타는 그가 부상 입은 곳을 간호해 주었지만 롤리타는 계속 조로를 생각하고 있었다. 돈 카를로스는 그 관리에게 상처가 치유될 때까지 며칠 더 집에 있으라고 강력히 권했다. p.85 대장은 롤리타와 대화를 해 보려고 시도해 보았지만 딱하게도 실패하고 있었다.

후에 그들은 말을 탄 사람이 집으로 오는 소리를 들었다. 말을 탄 사람이 점점 더 가까이 다가오더니 곧 집 앞에 멈춰 섰고 하인은 그 짐승을 돌보아 주려고 급히 밖으로 나갔다. 마침내 돈 디에고 베가가 서둘러 문을 지나왔다.

"하!" 돈 디에고가 안도하는 듯 외쳤다. "여러분께서 모두 무사히 살아 계셔서 다행입니다."

"돈 디에고!" 집 주인이 소리쳤다.

"말을 타고 오느라 등이 아프네요. 하지만 와야 한다고 생각했어요. 조로가 아저씨 댁에 찾아왔다는 이야기를 듣고 걱정했어요."

"이해하네." 돈 카를로스가 미소 지으며 롤리타를 쳐다보았다.

"저는 오는 것이 제 의무라고 생각했어요. p.86 그런데 이제 보니 제가 괜한 짓을 했군요. 여러분 모두 무사히 살아 계시잖아요."

"그자가 여기 있기는 했지만 라몬 대장의 어깨를 찌르고 도망갔다네."

"하!" 돈 디에고가 의자에 털썩 주저앉으며 말했다. "그래서 당신은 조로의 검을 느껴 본 거군요, 대장? 당신 병사들이 그를 쫓고 있나요?"

"그렇소." 라몬 대장이 간단히 대답했다. 그는 대결에서 자신이 졌다는 이야기가 회자되는 것이 마음에 들지 않았기 때문이었다. "그리고 그가 잡힐 때까지 병사들이 계속 그를 추격할 것이오."

"군인들이 성공하기를 바랍니다. 그 도둑은 돈 카를로스와 숙녀분들을 괴롭혔고 돈 카를로스는 제 친구이세요. 모든 사람들이 그 사실을 알게 해야겠어요."

돈 카를로스와 도나 카탈리나는 미소를 지었지만 롤리타는 화난 모습을 보이지 않으려고 애썼다.

"무척 피곤하군요. 제가 벌써 두 번이나 여기로 말을 달려 왔네요."

p.87 "겨우 4마일이잖소." 라몬 대장이 말했다.

"군인한테는 그게 쉬운 일인지 모르지만 나 같은 귀족한테는 그렇지 않아요."

"군인은 귀족이 될 수 없는 법이라도 있소?" 라몬 대장이 물었다.

"전에는 그런 일이 있었지만 그런 일은 드물게 만나볼 수 있지요." 돈 디에고가 말했다. 그는 말하면서 롤리타를 흘끔 쳐다보았다. 돈 디에고는 라몬 대장이 롤리타를 바라보는 눈길을 보았고 질투가 가슴속에서 타오르기 시작했다.

"당신은 지금 내가 좋은 가문 출신이 아니라고 말하는 겁니까?" 라몬 대장이 물었다.

"나는 당신 피를 조금도 보지 못했지요. 하지만 조로는 보았지요."

"나를 놀리려는 거요?"

"사실 때문에 약올라 할 필요는 없지요." 돈 디에고가 말했다. "다시 기지로 돌아가서 군인들을 지휘해야 하지 않습니까?"

"그들이 여기로 돌아오기를 기다리고 있소." 라몬 대장이 대답했다.

p.88 "게다가 당신 말을 따르자면 여기서 기지까지는 피곤한 여행이오."

"포도주 더 드시오, 여러분!" 돈 카를로스는 두 남자가 싸움에 휘말리는 것을 막으려고 큰 소리로 외쳤다.

돈 디에고는 포도주 잔을 받아 라몬 대장에게 등을 돌렸다. 디에고는 롤리타와 눈빛을 교환하며 미소 지었다. 디에고는 의자를 집어 들고 방을 가로질러 가지고 가서 롤리타 옆에 내려놓았다.

"그런데 그 도둑이 당신을 놀라게 했나요?" 돈 디에고가 물었다.

"그 사람이 그랬다면 당신이 복수해 줄래요?" 롤리타가 놀렸다.

"그래야 한다면 그럴 거예요. 하지만 그런 것을 더 잘 할 수 있는 남자들이 있죠. 왜 내가 내 목숨을 걸겠어요? 아무튼 내가 물어본 것에 대해서는 생각해 보고 있는 건가요?"

롤리타는 그제야 그 생각이 났다. 그녀는 그 결혼이 자신의 부모에게 의미하는 바를 다시 기억해 냈고 또한 조로도 떠올렸다.

p.89 "그 생각을 할 시간이 별로 없었어요." 롤리타가 대답했다.

"당신이 곧 마음을 정할 거라고 믿어요. 우리 아버지께서 될 수 있는 한 빨리 내가 아내를 맞아야 한다고 고집하세요. 물론 다소 성가신 일이기는 하지만 남자라면 자기 아버지를 기쁘게 해 드려야죠."

롤리타는 화가 치밀어서 입술을 깨물었다.

"될 수 있는 한 빨리 마음을 정할게요." 롤리타가 마침내 말했다.

"이 라몬 대장이라는 사람은 여기 오래 머무르나요?"

약간의 희망이 롤리타의 가슴속에 일었다. 돈 디에고 베가가 질투하는 것이 가능할까? 정말 그렇다면 돈 디에고에게도 열정이 좀 있을지 모른다.

p.90 "아버지께서 대장의 상처가 나을 때까지 여기 그대로 있으라고 청하셨어요." 롤리타가 대답했다.

"그는 지금 떠날 수 있어요."

"당신은 오늘 밤 다시 오지 않을 건가요?" 롤리타가 물었다.

"그럼 아마 나는 병이 나겠지만 돌아오기는 해야 해요. 해야 할 일이 있거든요."

"하지만 조로를 만나면 어떡하려고요?"

"나를 풀어 달라고 돈을 주면 돼요."

"그 사람과 싸우는 대신 몸값을 지불하겠다고요?"

"나는 돈은 많지만 목숨은 하나뿐이에요. 남자라면 누구나 때때로 사내처럼 굴 수 있기는 하지만 영리한 남자만이 현명해질 수 있죠." 돈 디에고는 가볍게 웃었다.

방 건너편에서는 돈 카를로스가 라몬 대장의 기분을 맞춰 주려고 최선을 다하고 있었다.

"돈 카를로스 씨, 저는 좋은 가문 출신이고 총독은 저에게 호의적입니다." 라몬 대장이 돈 카를로스에게 속삭였다. "저는 겨우 스물세 살이고 장래가 유망합니다. p.91 오늘 저녁에야 따님을 처음 뵀지만 따님은 제 마음을 사로잡았습니다. 그렇게 우아한 미인은 처음 봤습니다. 그처럼 강렬한 눈빛도요! 저는 따님과 교제할 수 있도록 허락을 받고 싶습니다."

세 명의 구혼자

p.92 돈 카를로스는 돈 디에고 베가나 라몬 대장을 화나게 하고 싶지 않았다. 롤리타의 마음이 억지로라도 돈 디에고를 받아들일 수 없다면 라몬 대장을 사랑한다는 것을 알게 될 수 있을지도 모를 일이다.

"대장이 나를 오해하지 않으실 거라고 믿소." 돈 카를로스가 낮은 목소리로 말했다. "간단히 설명을 해야겠군요."

p.93 "말씀하십시오."

"그런데 오늘 아침 돈 디에고 베가가 내게 똑같은 청을 했소."

"하!"

"대장도 그의 혈통과 가문을 알고 있잖소. 내가 그의 청을 어찌 거절하겠소? 하지만 내 딸은 자기가 사랑하지 않는 사람과는 결혼하지 않을 겁니다. 그러니 돈 디에고가 그 아이를 매료시키지 못한다면 대장한테 기회가 있을지도 모르지요."

"그럼 제가 애써 봐도 되겠습니까?" 라몬 대장이 물었다.

"허락하겠소. 돈 디에고는 많은 재산을 가지고 있지만 대장이 훨씬 더……"

"아주 잘 알겠습니다." 대장이 웃으며 말했다. "돈 디에고는 그리 용감하지도 않고 추진력이 있지도 않지요. 따님이 진정한 사나이보다는 재산을 더 좋아하지만 않는다면……."

"내 딸은 자신의 마음을 따를 거요!"

p.94 "그럼 이제 돈 디에고 베가와 저 사이의 문제인 건가요?"

"그렇소. 대장이 나와 베가 가문 사이에 문제만 일으키지 않는다면 말이지요."

"돈 카를로스 씨, 당신의 이해관계는 보호받으실 겁니다." 라몬 대장은 분명히 말했다.

돈 디에고가 이야기할 때 롤리타는 아버지와 라몬 대장을 살피며 무슨 말이 오고가는지 짐작해 보았다. 그 이야기는 물론 그녀를 기쁘게 했지만 대장한테는 조로만큼 관심이 가지 않았다.

조로는 그녀의 작은 발가락 끝까지 그녀를 짜릿하게 했고 그녀에게 이야기를 건네거나 그녀의 손바닥에 입술을 대는 것만으로 그녀를 짜릿하게 했다. 돈 디에고 베가가 조금이라도 조로를 닮았더라면! 갑자기 곤잘레스 상사와 병사들이 집으로 들어왔다. 그들은 대장에게 경례를 했고 거구의 상사는 놀라서 대장의 상처 입은 어깨를 쳐다보았다.

p.95 "조로가 저희를 빠져나갔습니다." 곤잘레스 상사가 보고했다. "저희는 조로가 언덕으로 갈 때 그를 3마일 정도 쫓아갔습니다."

"그리고 나서는?" 라몬 대장이 물었다.

"열 명은 족히 되는 남자들이 거기서 조로를 기다리고 있었습니다, 대장. 저희는 그들에게 선전해서 그들 중 세 명에게 부상을 입혔지만 그들은 도망을 쳤고 동료들을 데리고 갔습니다."

"상사, 아침에 스무 명의 병사를 뽑아서 그들을 지휘하시오. 조로의 자취를 쫓아 조로가 잡히거나 죽을 때까지 멈추지 마시오. 상사가 성공하면 총독님이 거신 상금에 월급의 4분의 1을 더해 주겠소."

"하! 그건 제가 바라 왔던 바입니다!" 곤잘레스 상사가 외쳤다.

p.96 "그것은 아주 당연한 것일세. 조로가 대장을 다치게 했으니까." 돈 디에고가 말참견을 했다.

"이게 무슨 소리인가, 돈 디에고? 대장님, 이 도둑이랑 싸우셨습니까?"

"그렇소." 라몬 대장이 대답했다. "상사, 당신은 그저 잔꾀를 부리는 말을 쫓아간 것이오. 그자는 여기 벽장에 있다가 내가 들어온 후에 나왔소. 그러니 언덕 위에서 상사가 만난 것은 그의 동료들과 함께 있던 다른 남자였던 것이 분명하오. 조로는 또 나와 단둘이 싸우려고 권총을 사용했소."

"이 일은 오직 피를 봐야만 해결될 수 있습니다!" 곤잘레스 상사가 단언했다. "저한테 부하를 직접 고르는 허락을 내려 주실 겁니까?"

"기지에서 누구든 데려가도 되오." 라몬 대장이 말했다.

"곤잘레스 상사, 나도 자네와 같이 가고 싶네." 돈 디에고가 갑자기 말했다.

"그럼 자네는 죽을 걸세! 먼지와 열기 속에서 언덕을 오르내리면서 어떻게 밤낮을 말안장 위에서 보내려고 그러는가?"

p.97 "자네 말이 옳은 것 같군. 하지만 조로는 내 진정한 친구인 이 집안사람들을 괴롭혔네. 적어도 내게 소식을 전해 주기는 하겠지?"

"물론이네." 곤잘레스 상사가 대답했다. "대장님, 오늘 밤에 기지로 돌아가십니까?"

"그렇소." 라몬 대장이 대답했다. "부상을 당하기는 했지만 말은 탈 수 있소."

라몬 대장은 말하면서 돈 디에고 쪽을 흘긋 보았다.

"나도 레이나 드 로스앤젤레스로 돌아갈 겁니다. 돈 카를로스 아저씨께서 내게 친절하게도 마차를 빌려주신다면 말이오."

곤잘레스 상사는 웃으며 집에서 나와 길을 안내했다. 라몬 대장도 따라 나왔다.

"그 문제는 생각해 볼 거지요?" 돈 디에고가 롤리타에게 물었다. "당신이 나와 결혼하겠다고 결정하면 당신 아버님께서 하인을 통해 내게 소식을 전해 주실 겁니다. p.98 그러면 우리 집도 정돈을 할 겁니다."

"그 일은 생각해 볼게요." 그 아가씨는 말했다.

"우리는 산 가브리엘 포교 시설에서 결혼하게 될 수도 있어요. 그 포교 시설의 펠리페 수도님은 내가 어렸을 적부터 친하게 지낸 분이라서 당신이 다른 방법을 더 선호하지 않는다면 그분께 말씀을 전하려고 합니다."

"그 일은 생각해 볼게요." 롤리타가 다시 말했다.

"아마 내가 오늘 밤을 살아 넘길 수 있다면 며칠 내로 당신을 보러 다시 나올 수 있을 겁니다. 당신 손에 입을 맞춰야 하지 않을까요?"

"번거롭게 그러실 필요 없어요." 롤리타가 대답했다.

"아, 고맙소. 이제 보니 당신은 사려 깊군요."

돈 디에고는 집을 떠났다. 롤리타는 자기 방으로 뛰어 들어가 너무 화가 나 울지도 못하고 손으로 가슴을 치고 머리카락을 조금 쥐어뜯었다. 롤리타는 돈 디에고가 사나이 조로의 반만큼이라도 되기를 바랐다. p.99 그녀는 남자들이 말을 타고 집을 떠나는 소리를 들었다. 그리고 나서 롤리타는 다시 큰 방에 있는 부모에게 갔다.

"아버지, 제가 돈 디에고 베가와 결혼하는 것은 있을 수 없는 일이에요." 롤리타가 말했다.

"왜 그런 결정을 하게 됐니, 애야?"

"그 사람은 제가 남편감으로 바라던 부류의 남자가 아니에요. 그 사람은 생기가 없어요. 돈 디에고와 함께 사는 것은 고문일 거예요."

"라몬 대장도 너와 결혼을 전제로 교제하는 것을 허락해 달라고 했단다." 도나 카탈리나가 말했다.

"그런데 그 사람도 거기에서 거기예요. 저는 그 사람 눈빛이 마음에 안 들어요." 롤리타가 대답했다.

"너는 너무 유별나구나." 돈 카를로스가 딸에게 말했다. "생각해 봐라, 애야. 돈 디에고 베가와 동맹을 맺으면 우리 집안에 정말 도움이 될 거다. p.100 혹시 네가 디에고를 질투하게 만든다면 그는 변할 거야."

롤리타는 눈물을 터뜨렸다.

"돈 디에고를 좋아하도록 최선을 다해 볼게요." 롤리타가 말했다.

롤리타는 다시 자기 방으로 급히 들어갔다. 곧 집은 어둠에 싸였다. 거의 모든 사람들이 잠을 자고 있었다. 하지만 롤리타는 잠들지 않았다. 그녀의 마음속에는 조로 생각이 가득했다. 롤리타는 조로의 우아한 인사와 그의 감미로운 저음의 목소리, 그리고 그녀의 손바닥에 닿았던 그의 입술의 감촉이 기억났다.

"그가 도둑이 아니면 좋을 텐데." 롤리타는 한숨을 쉬며 말했다. "여자라면 어떻게 그런 남자를 사랑하지 않을 수 있겠어!"

방문

p.101 다음날 아침 페드로 곤잘레스 상사는 스무 명의 부하들과 조로를 추격할 채비를 했다. 거구의 상사의 목소리가 크게 터져 나왔다. 상사는 부하들에게 가볍게 짐을 싸고 출발할 채비를 하라고 명령했다. 곤잘레스 상사는 조로를 잡거나 죽일 때까지 집에 오지 않을 작정이었다. p.102 돈 디에고 베가의 집 정문이 열려 있었고 돈 디에고도 나타났는데, 아주 이른 아침이었기 때문에 그런 모습을 보고 마을 남자들은 약간 의아하게 생각했다.

"자네가 하도 시끄러워서 내 잠을 깨웠어. 하지만 사실 10마일 정도 떨어진 내 농장으로 가서 가축들을 점검해야 하기 때문에 일찍 일어난 것이라네."

"만일 자네가 조로를 만나면 그자는 아마 몸값을 받으려고 자네를 잡고 있을 거야."

"그자가 이곳과 내 농장으로 가는 길 사이에 있을 것 같은가?" 돈 디에고가 물었다.

"원주민 한 명이 조로가 팔라와 산 루이스 레이로 가는 길에서 목격되었다는 소식을 가지고 조금 전에 도착했네. 우리는 그 방향으로 갈 거야. 하지만 자네 농장은 반대 방향에 있지."

"자네가 그렇게 말하는 것을 들으니 조금 안심이 되는군. p.103 그래서 자네는 팔라 쪽으로 가는 건가, 상사?"

"그렇네. 우리는 가능한 빨리 조로의 흔적을 찾으려고 노력할 거야. 우리는 지금 출발할 걸세."

"나는 소식을 간절히 기다리겠네." 돈 디에고가 말했다. "행운이 자네와 함께 하기를!"

곤잘레스 상사와 그의 부하들은 말에 올랐고 상사가 명령을 외치자 그들은 팔라와 산 루이스 레이를 향해 질주했다. 돈 디에고는 멀리서 작은 먼지구름 외에는 아무것도 보이지 않을 때까지 그들을 눈으로 쫓은 다음 자신의 말을 소리쳐 불렀다. 돈 디에고 역시 말에 올라타고 산 가브리엘을 향해 길을 떠났고 원주민 하인 두 명이 노새를 타고 그를 바짝 따라왔다.

하지만 출발하기 전에 돈 디에고는 쪽지를 써서 폴리도 집안의 농장으로 그것을 보냈다. p.104 쪽지는 돈 카를로스 앞으로 되어 있었고 이렇게 적혀 있었다.

군인들이 오늘 아침 조로를 추격하는 일을 시작할 것이고 조로한테는 그의 명령을 따르는 도둑들 무리가 있다고 합니다. 무슨 일이 일어날지 아무도 말할 수 없습니다. 아저씨께서 당장 레이나 드 로스앤젤레스에 있는 저희 집에 오시기를 청합니다. 그리고 문제가 해결될 때까지 저희 집에 편히 계십시오. 저는 오늘 아침 제 농장으로 떠납니다. 돌아왔을 때 아저씨를 뵐 수 있기를 바랍니다. 이삼 일 뒤가 될 것 같습니다.

디에고

"어떻게 생각하시오?" 돈 카를로스가 그의 가족에게 물었다.

"마을을 방문한 지도 한참 되었어요." 도나 카탈리나가 말했다. "그렇게 하는 것은 아주 좋은 일이 될 것 같아요."

"우리 딸 생각은 어떠니?"

p.105 롤리타는 대답하기 전에 잠시 망설였다.

"괜찮을 것 같아요." 롤리타가 말했다. "시내에 가고 싶어요. 여기 이 저택에서는 누구를 만날 일이 거의 없으니까요."

"그럼 그 일은 정해진 거로군." 돈 카를로스가 분명하게 말했다. "갑시다."

돈 카를로스는 기뻤다. 롤리타가 돈 디에고 베가의 집에 있는 금과 보석, 공단, 비단을 보면 그녀가 돈 디에고를 남편으로 받아들일지도 모르기 때문이었다. 돈 카를로스는 자신이 여자들을 잘 안다고 생각했다. 곧 그들은 모두 노새가 끄는 마차를 타고 마을로 갔다.

그들이 지나갈 때 사람들이 그들에 대해 수군거렸다. 모든 사람들이 그들이 재산을 잃었다고 말했다. 하인들은 주인이 아주 친절하기 때문에 농장에 그대로 남아 있는 것뿐이라는 것이다. 하지만 도나 카탈리나와 그녀의 딸은 돈 카를로스와 마찬가지로 당당하게 고개를 들고 그들이 아는 사람들에게 인사를 하면서 큰길을 따라 계속 그렇게 이동했다.

p.106 그들은 멀리서 마을을 볼 수 있었다. 광장, 교회, 여인숙과 돈 디에고의 집과 같은 몇 채의 부잣집들과 흩어져 있는 원주민과 가난한 사람들의 오두막이 보였다. 마차는 돈 디에고의 집 앞에서 멈췄고 하인들이 손님을 맞으러 달려 나왔다. 그러고 나서 그들은 그 부잣집 안으로 들어갔고 많은 부잣집들을 보았던 도냐 카탈리나의 눈까지도 이곳 돈 디에고의 집 안에서 본 것에 휘둥그레졌다.

"우리 딸이 이 모든 것들의 안주인이 될 수도 있다는 것을 생각해 봐요!" 도냐 카탈리나가 간신히 말문을 열었다.

롤리타는 아무 말도 하지 않았다. 두 가지 모습의 그녀가 싸우고 있다. 롤리타는 부와 지위, 그리고 부모의 안전과 많은 재산을 손에 쥐고 있는, 생기 없는 남자를 남편으로 맞을 수 있었다. p.107 아니면 그녀가 갈망하는 연애와 이상적인 사랑을 가질 수도 있었다.

돈 카를로스는 집을 떠나 광장을 건너 여인숙으로 들어가 그곳에서 몇몇 신사들을 만났다. 하지만 카를로스는 총독이 자신을 싫어하기 때문에 그들이 자신에게 공개적으로 친근한 척 보이는 것을 두려워한다고 생각했다.

"시내에는 사업차 오셨나요?" 한 명이 물었다.

"아니요, 오늘 아침 돈 디에고 베가가 내 가족을 이곳에 데리고 와서 사람들이 조로를 잡을 때까지 자기 집을 쓰라는 청을 하러 나한테 사람을 보냈습니다. 돈 디에고는 농장에 갔지만 곧 돌아올 겁니다."

그 말을 들은 사람들의 눈이 조금 커졌다.

"돈 디에고는 어제 아침에 나를 방문하러 집을 나섰지요." 돈 카를로스가 계속 말했다.

"당신 딸은 매우 아름답지 않습니까, 돈 카를로스 풀리도 씨?"

p.108 "그 아이가 아름답다고 하는 것 같기는 합니다만." 돈 카를로스가 인정했다.

돈 카를로스 주변에 있던 사람들이 서로를 흘끔 흘끔 쳐다보았다. 그들은 돈 디에고 베가가 롤리타 풀리도와 결혼하려고 한다는 것을 깨달았다. 그것은 풀리도의 재산이 곧 다시 많아질 것임을 의미했다. 그래서 이제 그들은 돈 카를로스 주변에 모여들어 그에게 그의 농장에 관해 묻기 시작했다. 이 사람들 중 한 명은 돈 카를로스와 그의 부인이 그날 저녁에 음악과 대화를 즐기러 자신의 집으로 오면 좋겠다고 청했다. 돈 카를로스는 그

초대에 정중하게 응했다. 도나 카탈리나는 창가에서 지켜보고 있었다.

"모든 것이 잘 되어 가고 있어." 돈 카를로스가 말했다. "사람들이 나를 두 팔 벌려 맞아 주었어. 그리고 나는 오늘 밤에 집을 방문해 달라는 초대에 응했지."

"하지만 롤리타는요?" 도나 카탈리나가 이의를 제기했다.

"그 아이는 당연히 여기 남아 있어야지."

롤리타는 소파에 웅크리고 앉아 부모가 외출한 동안 돈 디에고의 집에서 발견한 시집 중 한 권을 읽기 시작했다. p.109 시 한 편 한 편이 사랑, 연애, 열정에 관한 것이었다. 어떻게 이것이 돈 디에고의 책일 수 있을까? 롤리타가 더 많은 책들을 들여다보았을 때, 그녀의 놀라움은 더욱 커졌. 사랑, 승마, 전사들에 관한 책들이 많이 있었다. 돈 디에고는 알 수 없는 사람이라고, 롤리타는 백 번은 혼잣말을 했다. 그리고 롤리타는 돌아가 다시 시집을 읽기 시작했다.

그때 라몬 대장이 대문을 쾅쾅 두드렸다.

사랑이 빠르게 다가오다

p.110 "돈 카를로스 주인님과 마님은 오늘 저녁 초대를 받아 외출하셨습니다." 집사가 문간에서 라몬 대장에게 말했다.

"그런 경우라면 아가씨께 인사 드리겠네." 라몬 대장이 말했다.

"죄송합니다만 아가씨는 혼자 계십니다."

"내가 점잖지 못한 사람이라는 말인가?" 라몬 대장이 다그쳐 물었다.

p.111 "아가씨 혼자 젊은 남자를 만나는 것은 적절하지 못합니다."

"내 눈앞에서 꺼져, 이 쓰레기 같은 놈아! 나를 방해하면 혼내줄 테다."

집사의 얼굴이 하얗게 질렸다.

"하지만 나리." 집사가 항의했다.

라몬 대장은 왼팔로 그를 옆으로 밀치고 큰 거실로 들어갔다. 롤리타는 자기 앞에 서 있는 라몬 대장을 보았을 때 깜짝 놀라서 벌떡 일어났다.

"당신의 부모님께서 안 계셔서 유감이지만 당신과 할 말이 좀 있습니다. 당신은 팔에 부상을 입은 남자를 두려워할 필요가 없습니다."

"이건 옳지 않은 일이에요, 그렇지 않나요?" 롤리타는 약간 겁을 내며 물었다.

"괜찮습니다." 라몬 대장이 말했다.

라몬 대장은 방을 가로질러 소파의 한쪽 끝에 앉아서 롤리타의 아름다움을 노골적으로 감탄하며 바라보았다.

p.112 "부엌으로 가거라!" 라몬 대장이 원주민 하인에게 말했다.

"안 돼요. 그를 그대로 있게 두세요." 롤리타가 부탁했다.

"가." 라몬 대장이 다시 명령했다.

하인은 나갔다.

라몬 대장은 다시 롤리타 쪽으로 돌아앉아 그녀에게 미소를 지었다.

"당신은 그 어느 때보다도 아름답군요. 당신이 혼자 있는 것을 알게 되어 정말 기쁩니다. 당신에게 할 말이 있거든요."

"그게 뭔데요?"

"어젯밤 당신 아버님의 농장에서 결혼을 전제로 당신과 교제해도 되겠냐고 아버님한테 허락을 구했어요. 나는 당신을 내 아내로 맞으려고 해요. 당신 아버님은 돈 디에고 베가도 허락을 받았다는 것만 빼면 좋다고 하셨죠. 그렇게 해서 그 일은 돈 디에고 베가와 나 사이의 일이 된 것 같습니다. 분명히 돈 디에고 베가는 당신에게 적합한 남자가 아니에요. p.113 그자는 용기나 열정이 없어요."

"대장님은 돈 디에고의 집에서 그를 험담하시는 거예요?"

"나는 사실을 말하는 겁니다. 나를 상냥하게 바라봐 줄 수는 없습니까? 당신은 나한테 내가 당신의 마음과 손을 얻을 수도 있다는 희망을 줄 수 없습니까?"

"라몬 대장님, 아시다시피 이건 옳지 않아요. 대장님도 알고 계시는 일이죠. 이제 부디 가 주세요."

"당신의 대답을 기다리겠소."

어째서 이 남자는 말하는 것이 이렇게 뻔뻔하다는 말인가?

"나가세요." 롤리타가 단호하게 말했다. "이건 모두 옳지 않아요. 그리고 대장님도 그것을 알고 계시죠."

"아무도 오지 않을 겁니다. 내게 답해 주지 않겠습니까?"

"아니요!" 롤리타가 몸을 일으키기 시작하며 말했다. "대장님이 대답을 요구하는 것은 옳지 않아요. 분명히 말씀드리지만 우리 아버지께서 대장님의 이번 방문에 대해 듣게 되실 거예요."

"당신 아버지 말씀이오?" 라몬 대장이 코웃음을 쳤다. "나는 당신 아버지가 겁나지 않소. p.114 총독님은 당신 아버지를 싫어하시지. 당신 아버지는 라몬 대장이 자신의 딸을 바라봐 준다는 사실을 자랑스러워해야 할 거요. 도망가지 마시오." 라몬 대장이 롤리타의 손을 꽉 잡으며 말했다. "나는 당신에게 내 아내가 되어 달라고 청해서 당신의 면목을 세워 주었소."

"면목을 세워 주었다고요!" 롤리타는 화가 나서 소리쳤고 거의 눈물을 흘릴 뻔했다.

"나는 당신이 화 낼 때가 마음에 드오." 라몬 대장이 말했다. "당신은 물론 나와 결혼하게 될 거요. 내가 당신 아버지의 땅을 일부 되찾아 줄 거요. 나는 당신을 샌프란시스코 드 아시스에 있는 총독님 댁으로 데려갈 것이고 그곳에서 당신은 부러움을 살 거요."

"놔 주세요!"

롤리타는 라몬 대장에게서 손을 뺐다.

"당신과 결혼을 한다고요?" 롤리타가 소리쳤다. "차라리 평생 혼자 살겠어요, 차라리 원주민과 결혼을 하고 말지요! 당신과 결혼하느니 차라리 죽어 버릴 거예요!"

"당신한테는 선택권이 없소. 당신 아버지는 파산했으니까."

p.115 "돈 디에고가 이 일을 듣게 될 거예요. 그는 우리 아버지의 친구예요."

"그럼 당신은 겨우 아버지에게 돈을 가져다주려고 돈 디에고와 결혼하겠다는 거요? 당신은 명예로운 군인과 결혼하지 않고 자신을 팔아 넘기려고 하는군!"

번갯불처럼 롤리타의 손이 앞으로 나가 라몬 대장의 뺨을 찰싹 때렸다. 그러고 나서 롤리타는 뒤로 펄쩍 뛰어 물러났지만 라몬 대장은 그녀의 팔을 잡아 자기 쪽으로 끌어당겼다.

"그에 대한 대가로 입맞춤을 받아야겠소." 라몬 대장이 말했다.

손이 라몬 대장의 얼굴에 닿을 수 없었기 때문에 롤리타는 그의 가슴을 때리고 할퀴면서 그에게 대항했다. 하지만 그는 그저 롤리타를 보고 웃으며 그녀를 더욱 세게 안았다.

p.116 "보상의 입맞춤을 해 주시오." 라몬 대장이 말했다.

롤리타는 다시 대항해 보려고 했지만 그럴 수가 없었다. 라몬 대장이 더 껄껄거리며 머리를 숙였고 그의 입술이 롤리타의 입술에 가까이 다가왔다. 하지만 라몬 대장은 입맞춤을 받아낼 수 없었다. 롤리타가 그에게서 다시 몸을 빼기 시작했고 라몬 대장은 팔에 힘을 주어 강제로 그녀를 앞으로 끌어당겼다. 그런데 방의 한쪽 구석에서 굵은 저음의 단호한 목소리가 들려왔다.

"잠깐, 대장!" 그 목소리가 말했다.

라몬 대장은 여자를 놔주고 돌아섰다. 롤리타는 행복하게 소리쳤다.

그때 라몬 대장은 욕설을 내뱉었다. 조로가 그의 앞에 서 있었기 때문이었다.

라몬 대장은 다친 팔 때문에 자신이 조로와 싸울 수 없다는 것을 깨달았다. 조로는 구석에서 나와 그를 향해 걸어오고 있었다.

"나는 도둑일지는 모르지만 여자를 존중해 줍니다." 조로가 말했다. "여기서 무슨 짓을 하고 있는 거요, 라몬 대장?"

p.117 "그러는 너는 여기에서 무슨 짓을 하고 있는 것이냐?"

"나는 아가씨의 비명 소리를 들었소. 어떻게 당신을 벌해야 하겠소?"

"집사! 여봐라!" 라몬 대장은 갑자기 소리를 질렀다. "조로가 여기 있다! 조로를 잡으면 현상금이 있다!"

복면을 쓴 남자는 웃었다. "그들은 당신을 돕지 않을 거요."

"어떻게 다친 사람을 협박할 수 있지?"

"무릎을 꿇고 이 아가씨한테 사과하시오. 그런 다음 이 집에서 나가 여기서 일어났던 일은 절대 발설하지 않는 거요. 그렇게 하지 않으면 내가 약속하는데 당신을 죽이고 말겠소."

"하!"

"무릎을 꿇으시오!" 조로가 다시 무시무시한 목소리로 명령했다. 조로는 앞으로 펄쩍 뛰어나와 라몬 대장의 온전한 어깨를 움켜잡고 그를 바닥에 내동댕이쳤다.

p.118 "아가씨한테 진심으로 용서를 구하시오. 말하지 않으면 다시는 말을 하지 못하게 될 것이오."

라몬 대장이 용서해 달라고 말했다. 그러자 조로는 대장의 목덜미를 잡고 그를 일으켜 문밖의 어둠 속으로 내던졌다. 집사가 방으로 달려와서 두려워하며 복면을 쓴 남자를 빤히 쳐다보자 조로는 문을 닫았다.

"오, 고맙습니다." 롤리타가 외쳤다. "우리 아버지께 당신이 베푸신 선행을 말씀드려야겠어요. 집사! 이분께 포도주를 갖다드려요."

집사는 명령을 따랐다.

"당신은 제가 모욕을 당하지 않게 구해 주셨어요. 제가 그 남자의 입술로 더럽혀지는 것으로부터 구해 주셨어요. 그가 받아내려던 입맞춤을 저는 제 의사대로 당신께 드리고 싶어요."

롤리타는 얼굴을 들고 눈을 감았다.

"그리고 당신이 복면을 들어 올릴 때 쳐다보지 않을게요." 롤리타가 말했다.

p.119 "당신 입술 말고 손을 주세요."

"당신은 저를 창피하게 하는군요."

"창피해하지 말아요." 조로가 말했다

조로는 재빨리 몸을 숙여 복면 아래 부분을 들어 올리고 롤리타의 입술에 자신의 입술을 가볍게 댔다.

"내가 평판이 좋은 사람이라면 좋겠군요. 내 가슴은 당신을 사랑하는 마음으로 가득합니다."

"그리고 제 가슴은 당신을 사랑하는 마음으로 가득하고요."

"이것은 미친 짓이에요. 누구도 알면 안 돼요."

"세상에 대고 말하는 것을 저는 두려워하지 않을 거예요."

"당신 아버님과 아버님의 재산, 그리고 돈 디에고는 어떡하고요?"

"저는 당신을 사랑해요."

"당신은 훌륭한 귀부인이 될 기회가 있어요. 그것을 포기하지 마요."

"사랑인걸요. 그리고 풀리도 집안사람은 두 번 사랑하지는 않아요."

"미친 짓이에요!"

p.120 "달콤한 미친 짓이죠!"

조로는 롤리타를 자신 쪽으로 끌어당겨 다시 고개를 숙였고 그녀는 다시 눈을 감고 조로의 입맞춤을 받아들였는데, 이번에는 긴 입맞춤이었다. 롤리타는 조로의 얼굴을 보려고 애쓰지 않았다.

"우리에게 어떤 희망이 있기는 할까요?"

"우리 부모님께서 오시기 전에 가세요. 그리고 평판을 좋게 만드세요. 아무도 당신 얼굴을 몰라요. 그리고 당신이 영원히 복면을 벗어 버리면 아무도 당신의 죄를 모를 거예요. 당신이 일반적인 도둑이라는 말이 아니에요. 당신이 왜 도둑질을 했는지는 알아요. 당신이 훔친 것을 가난한 사람들에게 주었다는 것을 알아요."

"하지만 내 임무는 아직 끝나지 않았어요."

"그럼 일을 끝내세요. 성인들께서 보살펴 주시기를! 그리고 일이 끝났을 때 제게로 돌아오세요. 당신이 어떤 옷을 입고 있든지 간에 저는 당신을 알아볼 거예요."

"당신을 자주 보러 오기는 하겠지만 지금은 가야 해요."

"조심하세요."

"항상 그러겠소, 내 사랑!"

라몬 대장, 편지를 쓰다

p.121 라몬 대장은 어둠을 뚫고 기지로 다시 달려왔다. 그는 분노에 차 있었다. 기지에는 겨우 여섯 명의 병사들 밖에 남아 있지 않았다. 네 명은 아팠고 두 명은 다른 사람들을 지키고 있었다.

p.122 그래서 라몬 대장은 조로를 잡기 위해 베가 저택으로 부하들을 내려 보낼 수가 없었다. 더구나 조로는 아마 곧 떠났을 것이라고 라몬 대장은 생각했다. 게다가 라몬 대장은 롤리타와 있었던 일을 아무도 알게 하고 싶지 않았다.

라몬 대장은 일어났던 일에 대해서는 잠자코 있는 것이 좋겠다고 결정했다. 라몬 대장은 롤리타와 집사가 그녀의 부모에게 말할 것이라고 생각했지만 돈 카를로스가 그것에 대해 어떤 조치를 취할지 아닐지는 의심스러웠다. 돈 카를로스는 군의 장교를 창피 주기 전에 한 번 더 생각할 것이다. 라몬 대장은 단지 돈 디에고가 있었던 일에 대해 많이 알게 되지 않기만을 바랐다. 베가 가문은 힘 있는 집안이기 때문이었다.

앞뒤로 서성일수록 라몬 대장은 화가 점점 더 났고 그는 이 일과 다른 여러 가지 일들에 대해 생각에 잠겼다. 라몬 대장은 총독이 자신이 계속 부유하게 살 수 있도록 항상 부자들에게서 돈을 갈취하려고 애쓰고 있다는 것을 알았다. p.123 베가 집안이 더 이상 정부에 충성하지 않는다고 암시할 수는 없을까? 총독이 풀리도 집안을 싫어하는 것처럼 베가 집안도 미워하게 만들 수는 없을까?

최소한 한 가지는 할 수 있다고 라몬 대장은 결정했다. 라몬 대장은 롤리타에게 복수할 수가 있었다. 라몬 대장은 씩 웃었다. 그는 샌프란시스코 드 아시스에 있는 총독 관저로 총독에게 편지를 쓰기 시작했다.

이것이 라몬 대장이 편지에 쓴 내용이다.

제가 조로를 체포할 수는 없었지만 그에 관한 중요한 몇 가지 정보를 알아냈습니다. 제 병사들 대부분은 지금 조로를 죽이거나 체포하려고 애쓰느라 기지를 떠나 있습니다. 하지만 조로는 혼자서 싸우지 않습니다. 레이나 드 로스앤젤레스에 있는 사람들 중 일부는 그에게 음식과 마실 것과 새 말들도 제공해 온 것이 분명합니다.

p.124 요전 날 조로는 돈 카를로스 풀리도의 저택을 방문했습니다. 저는 거기로 부하들을 보냈고 저도 직접 갔습니다. 제 병사들이 조로를 찾는 동안 한 남자가 돈 카를로스의 집 거실에 있는 벽장에서 나와 저를 공격했습니다. 그는 제 오른쪽 어깨에 부상을 입혔지만 저는 그가 겁을 먹고 도망칠 때까지 그와 싸웠습니다. 돈 카를로스가 조로를 도와주고 그에게 음식을 주었던 것이 분명합니다.

풀리도 저택은 그런 자가 숨기에 아주 좋은 곳입니다. 저는 조로가 가끔 그곳에 숨을까 봐 염려됩니다. 제가 돈 카를로스 앞에 있었을 때 그가 존경심을 가지고 저를 대하지 않았다는 것과 그의 딸 롤리타는 이 남자를 감탄하며 바라보는 것 같다는 것을 덧붙여 말씀드리고 싶습니다.

또한 이 지역의 유명하고 부유한 한 가문은 더 이상 총독님 편이 아닌 것 같습니다. 하지만 이 일은 직접 총독님을 뵙고 말씀드려야 할 문제입니다.

p.125 깊은 존경을 담아서
레이나 드 로스앤젤레스의 라몬 대장 올림

라몬 대장은 편지 쓰는 것을 마쳤을 때 다시 한 번 씩 웃었다. 그 마지막 문단이 총독에게 추측을 하게 만들 것임을 그는 알았다. 베가 가문은 이 설명에 들어맞을 유일한 명성 있고 부유한 가문이었다. 풀리도 가문에 대해서 말하자면 라몬 대장은 어떤 일이 그들에게 일어날지 상상해 보았다. 롤리타는 총독이 내리는 처벌에서 자신을 보호하기 위해 그를 필요로 할 것이다.

이제 라몬 대장은 자신이 보관할 편지 복사본을 만들었다. 다 베낀 후 그는 원본을 접어 봉했다. 라몬 대장은 조로가 이 무렵 멀리 가 있을 것이라고 생각했지만 그 점에 대해서 그는 잘못 생각했다. 조로는 돈 디에고 베가의 집에서 나와 서둘러 떠나지 않았기 때문이었다.

기지에서

p.127 조로는 어둠 속을 뚫고 조금 갔는데 원주민의 헛간 뒤에 자신의 말을 매어 두었던 것이다.

조로는 말 한 마리가 군 기지를 떠나는 소리를 듣고 웃었다. 조로는 지금은 기지에 아프거나 부상당하지 않은 사람이 오직 한 명 있을 뿐임을 알았다. p.128 조로는 말을 기지 뒤의 언덕으로 끌고 올라가 그곳에 남겨두고 자신을 기다리게 했다. 이제 조로는 어둠 속을 살금살금 걸어 건물의 벽까지 갔고 창문에 이를 때까지 조심스럽게 벽을 빙 둘러갔다. 조로는 안을 훔쳐보았다.

그가 들여다보고 있었던 곳은 바로 라몬 대장의 사무실이었다. 조로는 대장이 탁자 앞에 앉아 방금 다 쓴 것으로 보이는 편지를 읽고 있는 것을 보았다. 라몬 대장은 혼잣말을 하고 있었다.

"저것이 어여쁜 아가씨한테 고생스러운 일을 만들어 줄 거야."라고 라몬 대장은 말하고 있었다. "그녀의 아버지가 감옥에 있으면 그때는 아마 그녀가 내가 하는 말을 들어줄 거야."

조로는 즉각 라몬 대장이 복수를 계획했다는 것을 짐작했다. 복면 아래 조로의 얼굴은 분노로 시커매졌다. 조로는 벽을 따라 움직여 건물의 모퉁이까지 갔다. 그 모퉁이에서 조로는 아프지 않은 유일한 보초병을 볼 수 있었다. p.129 조로의 허리띠에는 권총이 있었고 옆구리에는 검이 있었다.

조로는 보초병이 앞뒤로 서성이는 것을 지켜보았다. 보초병이 막 조로가 숨어 있는 곳으로부터 등을 보였을 때 조로는 그에게 달려들었다. 조로의 무릎이 병사의 등을 가격하는 동안 조로의 손은 그의 목을 졸랐다. 즉시 그들은 땅에 엎어졌다. 조로는 권총의 묵직한 개머리판으로 보초병의 관자놀이를 쳐서 그를 조용하게 만들었다.

조로는 의식을 잃은 병사를 그늘진 곳으로 다시 끌고 가서 묶고 입을 막아 놓았다. 그러고 나서 조로는 그 병사와의 짧은 싸움이 건물 안의 누군가의 주의를 끌었는지를 확실히 해 두려고 잠시 귀를 기울이다가 다시 한 번 문 쪽으로 몰래 들어갔다.

p.130 조로는 잠시 후 건물 안에 있었다. 이곳에는 긴 탁자들과 침대들이 있었다. 조로는 라몬 대장의 사무실 쪽으로 몰래 들어갔다. 조로는 총이 장전되어 있는지를 확인한 후 대담하게 문을 활짝 열어젖혔다. 라몬 대장은 문 쪽으로 등을 보이고 앉아 있었다. 라몬 대장이 갑자기 돌아보았다.

"소리 내지 마시오." 조로가 경고했다. "말을 하면 총을 쏘겠소."

조로는 라몬 대장의 눈에서 눈길을 떼지 않으며 뒤에 있는 문을 닫고 방안으로 걸어갔다.

"여기서 무슨 짓을 하고 있는 것이냐?" 라몬 대장이 작게 말했다. 라몬 대장의 얼굴은 하얗게 질렸다.

"나는 당신이 방금 쓴 편지에 대해 떠들고 있는 것을 들었소. 나는 그 편지를 읽고 싶소."

"내 군 업무가 네놈한테 그렇게 많이 관심을 불러일으키는 건가?"

"움직이지 마시오. 안 그러면 쏘겠소." 조로가 경고했다.

라몬 대장은 움직이지 않았고 조로는 조심스럽게 앞으로 가서 편지를 잡아챘다. p.131 그리고 나서 그는 뒤로 몇 발자국 물러났다. 조로는 편지를 재빨리 읽었고 다 읽었을 때 아무 말 없이 잠시 동안 라몬 대장의 눈을 똑바로 쳐다보았다. 라몬 대장은 더욱 불안함을 느끼기 시작했다.

조로는 여전히 상대방을 지켜보면서 탁자 건너편으로 가서 편지를 초의 불꽃에 대었다. 편지는 불이 붙어 재로 변했다.

"이 편지는 배달되지 않을 것이오." 조로가 말했다. "당신은 그 아가씨의 아버지가 당분간 권력 있는 자들과 친분이 없다는 이유로 한 아가씨를 모욕하는군. 아가씨가 당신이 거절할 만해서 당신을 거절하려는 건데, 그런 이유로 그녀의 집안 식구들에게 문제를 일으키다니. 당신은 역겨운 사람이로군."

조로는 더 가까이 다가갔고, 여전히 장전된 총을 대장의 앞쪽에 들이대고 있었다.

p.132 "내가 방금 없앤 저 편지와 비슷한 것이 보내졌다는 소식이 나한테 들리지 않게 하시오." 조로가 말했다. "지금 당신이 나와 결투할 수 없다는 것이 유감이오."

"네놈은 부상당한 사람에게 험한 말을 하는군."

"그 부상은 틀림없이 나을 것이오. 그렇게 되면 나는 당신과 다시 결투할 것이고 이 일에 대해 응징하겠소. 이해한 것으로 알겠소."

갑자기 그들은 말발굽 소리와 페드로 곤잘레스 상사의 목소리를 들었다.

"말에서 내리지 마라!" 곤잘레스 상사는 문가에서 그의 부하들에게 소리치고 있었다. "잠시 보고하러 들른 것뿐이다! 그리고 나서 우리는 곧 다시 떠날 것이다!"

조로는 방 주위를 재빨리 둘러보았다. 출입문으로 빠져나갈 수 있는 길이 이제 차단되었다는 것을 알았기 때문이었다. 라몬 대장은 기대감을

품고 조로를 지켜보았다.

p.133 "오호, 곤잘레스!" 라몬 대장은 조로가 그 일에 대해 경고하기 전에 날카롭게 소리를 질렀다. "조로가 여기 있다!"

"있던 자리에 그대로 있으시오!" 조로가 라몬 대장에게 명령하고 가장 가까운 곳에 있는 창으로 뛰어갔다.

하지만 거구의 상사는 그 목소리를 들었다. 곤잘레스 상사는 그의 부하들에게 따라오라고 하고 큰 방을 가로질러 사무실 문으로 뛰어가서 문을 활짝 열었다.

"우리가 그자를 잡는다!" 곤잘레스 상사가 외쳤다. "여기로 들어와라! 문을 지켜!"

조로는 왼손에 권총을 들었고 검을 뽑았다. 그때 조로는 검을 앞과 양 옆으로 휘둘렀고 촛불은 탁자에서 떨어져 소리를 냈다. 방은 이제 어둠에 쌓였다.

"불을 켜라! 횃불을 가져와!" 곤잘레스 상사가 날카로운 목소리로 말했다.

p.134 조로는 벽에 기대 옆으로 펄쩍 뛰어 재빨리 벽을 빙 돌아갔다. 곤잘레스 상사와 다른 두 명의 부하들이 방으로 뛰어 들어왔고 한 명은 문을 지키며 남아 있었다.

마침내 횃불을 든 남자가 문 안으로 서둘러 들어왔다. 남자는 검날에 가슴을 찔려 비명을 지르며 쓰러졌고 횃불은 바닥에 떨어져 꺼졌다.

"도둑을 잡아라!" 라몬 대장이 날카롭게 소리를 질렀다. "남자 한 명이 우리를 전부 바보로 만들 수 있을까?"

그러더니 라몬 대장은 소리 지르는 것을 멈췄다. 조로가 뒤에서 그를 붙잡아 목을 졸랐기 때문이었다.

"이보게들! 내가 너희의 대장을 잡고 있다! 내가 대장을 내 앞에 세워 뒷걸음쳐 문을 나갈 것이다. 나는 다른 방으로 건너가서 이 건물 밖으로 나가겠다. 만일 너희 중 한 명이 나를 공격하면 너희 대장의 머리를 총으로 쏠 것이다."

p.135 라몬 대장은 자신의 머리 뒤에 차가운 쇠의 감촉을 느낄 수 있었고 그는 부하들에게 조심하라고 날카롭게 소리쳤다. 조로는 라몬 대장을 문간으로 끌고 가 밖으로 이동하는 동안 그를 자기 앞에 세워 둔 채 뒷걸음질 쳐서 밖으로 나갔다. 조로는 밖에 있는 병사들이 약간은 두려웠다.

그는 그들 중 몇 명이 창문들을 지키기 위해 건물 주위를 뛰어다닌다는 것을 알고 있었기 때문이었다.

곤잘레스 상사와 병사들이 조로 앞에 있었고 방을 가로질러 퍼지면서 조로를 공격할 기회를 기다리고 있었다. 곤잘레스 상사는 손에 권총을 쥐고 라몬 대장의 목숨을 위협하지 않으면서 총을 쏠 기회를 엿보고 있었다.

"물러서!" 조로가 그때 명령했다. 갑자기 조로는 라몬 대장을 앞으로 밀어내고 어둠 속으로 쏜살같이 뛰어들었고, 군인들이 따라오며 자신에게 총을 쏘는 가운데 자기 말을 향해 달렸다. p.136 그들은 조로의 웃음소리가 어두운 밤에 울려 퍼지고 있는 것을 들을 수 있었다.

실패한 추격

p.137 조로는 말을 언덕 아래로 몰았다. 곤잘레스 상사와 부하들 몇 명이 조로를 쫓았고 그동안 다른 병사들은 좌우로 전력 질주해 조로가 언덕 밑에 도착해 방향을 돌렸을 때를 대비해 그를 기다릴 계획이었다.

하지만 조로는 맹렬히 질주하여 산 가브리엘 방향으로 가는 길을 택했고 그동안 군인들은 그의 뒤를 쫓았다.

p.138 조로의 말은 팔팔했고 힘이 있었지만 반면에 군인들이 탄 말은 낮 동안 많이 달려서 조로는 도망칠 기회가 생겼다. 그렇게 그들은 5마일 정도를 달렸고 군인들은 거리를 유지하기는 했지만 조로에게 조금도 더 가까워지지 못했으며 조로는 곧 그들의 말이 힘이 빠질 것이라는 것을 알았다. 오직 한 가지 일이 조로의 마음에 걸렸다. 조로는 반대 방향으로 달리고 있고 싶었다.

그들 주위에 있는 언덕 때문에 그가 어딘가로 방향을 돌린다는 것은 불가능했다. 조로는 또한 그가 언덕을 올라간다면 그의 속도를 느려지게 할 것임을 알고 있었다. 그래서 조로는 골짜기 위로 2마일을 올라가면 오른쪽으로 올라가는 길이 있다는 것을 알았기 때문에 곧장 앞으로 달렸다. 불현듯 조로는 비가 산사태를 일으켰다는 소식을 들었던 것이 기억났다. 그래서 조로는 그곳에 도착했으면서도 그 길을 이용할 수가 없었다. 이제 대담한 생각이 조로의 마음속에 떠올랐다.

p.139 조로는 뒤를 돌아다보았고 두 명의 군인이 다른 군인들을 앞서 나란히 달려오는 것을 보았다. 그것은 조로의 계획에 도움이 될 것이었다.

조로는 큰길의 굽이진 길을 돌아 질주한 다음 말을 멈춰 세웠다. 조로는 그 동물의 머리를 자신이 왔던 길 쪽으로 되돌렸다. 두 명의 군인이 타고 오는 말발굽 소리를 들을 수 있었을 때 조로는 갑자기 검으로 자신의 말을 때렸다.

그 동물은 전에 한 번도 그렇게 맞아본 적이 없었으므로 벼락을 맞은 것처럼 앞으로 튀어 올라 앞의 두 명의 군인에게 곧장 달려 나갔다.

"비켜라!" 조로가 외쳤다.

첫 번째 군인은 즉시 길을 비키고 뒤에 있는 군인들에게 소리를 질렀다. 조로는 두 번째 군인과 칼을 부딪치고는 계속 말을 달렸다. p.140 조로는 또 다른 굽이진 길을 돌아 질주했고 그의 말은 또 다른 군인을 바닥에 떨어뜨렸다.

조로 앞에 있던 군인들은 모두 뿔뿔이 흩어졌다. 조로는 미친 사람처럼 그들을 뚫고 달리며 그가 가는 길에 있는 군인들을 검으로 베어 쓰러뜨렸다. 마침내 조로는 곤잘레스 상사를 말에서 떨어뜨렸다. 그러고 나서 조로는 그들을 뚫고 지나가 사라졌고 군인들은 다시 그를 쫓았지만 전보다 더 거리가 멀어졌다.

조로는 이제 말이 약간 속력을 늦추는 것을 허용했다. 조로는 언덕을 올랐고 군인들이 지나쳐 달려가는 것을 지켜보았다.

조로는 총독과 친분이 있는 사람의 저택을 지나쳤다. 상사와 그의 부하들은 그곳에 들러서 기운이 팔팔한 말을 달라고 부탁하기로 했다. 훌륭한 말들이 그곳에 있었고 전부 기운이 팔팔했다. 군인들은 재빨리 말을 갈아타고 다시 조로를 쫓기 시작했다.

p.141 3마일 정도 떨어진 작은 언덕 위에 몇몇 수도사들이 소유한 저택이 있었다. 총독은 그 저택을 수도사들로부터 빼앗겠다고 협박해 오고 있었다. 펠리페 수도사가 그 저택을 맡아 꾸리고 있었다. 곤잘레스 상사는 그들이 따라가고 있는 길이 이 저택으로 이어진다는 것을 알고 있었다. 그 저택 바로 위로 또 다른 갈림길이 있었는데 한쪽은 산 가브리엘로, 다른 한쪽은 레이나 드 로스앤젤레스로 돌아가는 길이었다.

곤잘레스 상사는 조로가 그 집을 지나칠지 아니면 그곳에 머물지 궁금했다. 조로가 과거에 그 수도사들을 도와주었다는 것은 잘 알려져 있었다. 어쩌면 조로는 들러서 그들에게 도움을 청할지도 몰랐다. 군인들은 그 저택에서 나오는 불빛을 하나도 볼 수 없었다. 곤잘레스 상사는 부하들을 멈취 세우고 저택에서 나오는 소리에 귀를 기울이게 했다. 곤잘레스 상사는 말에서 내려 흙먼지가 나는 길을 살폈다. 곤잘레스 상사는 어떤 발자국도 발견할 수 없었다. p.142 곤잘레스 상사는 군인들에게 헛간과 원주민의 오두막들을 포함해서 그 지역을 수색하라고 명령했다.

그리고 나서 곤잘레스 상사는 말을 타고 곧장 그 저택으로 올라가 검으로 문을 두드렸다.

곤잘레스 상사, 친구를 만나다

p.143 60대의 체구가 큰 남자인 펠리페 수도사가 촛불을 들고 문을 열러 나갔다.

"이게 다 무슨 소란이오?" 수도사가 깊은 저음의 목소리로 다그쳤다.

"우리는 조로를 추격하고 있습니다." 곤잘레스 상사가 말했다.

"그런데 이 누추한 집에서 그 사람을 찾을 거라 기대하는 것이오?"

p.144 "더 이상한 일들이 벌어졌습니다. 방금 말을 탄 사람이 질주하여 지나가는 소리를 들으셨습니까?"

"못 들었소."

"그럼 조로가 최근에 수도사님들을 찾아온 적이 있습니까?"

"나는 조로가 억압받는 사람들을 도와주려고 애쓰고 있다고 듣기는 했지만 한 번도 만난 적은 없소."

"말 속에 뼈가 있으십니다."

"나는 사실을 말하는 거요, 군인 양반."

"당신의 말투가 마음에 들지 않소!"

"나를 위협하지 마시오!"

"맘대로 지껄이시오. 당신이 조로라는 이름으로 통하는 복면을 쓴 극악무도한 자를 본 적이 없는 게 틀림없단 말이오?"

"본 적 없소, 군인 양반."

"내 부하들을 시켜 당신들의 집을 수색하겠소."

곤잘레스 상사는 말에서 내렸다. 다른 군인들도 따라 내렸다.

그리고 나서 펠리페 수도사가 항의하는 동안 곤잘레스 상사는 따르는 부하들과 함께 문을 넘어 쿵쾅거리며 들어갔다.

p.145 방 안의 저쪽 구석에 있는 소파에서 한 남자가 일어나 불빛 쪽

으로 걸어 나왔다.

"상사, 자네인가?" 그가 말했다.

"돈 디에고! 자네가 여기 웬일인가?" 곤잘레스 상사가 간신히 말을 뱉었다.

"사업 문제를 살펴보느라 집에 있다가 어릴 적부터 나를 알고 계신 펠리페 수도사님과 밤을 보낼까 해서 말을 타고 왔네. 이 나라에는 그 조로 일을 떠나 조용히 있을 수 있는 곳이 아무 데도 없다는 말인가?"

"돈 디에고, 자네는 나의 좋은 친구잖나. 말 좀 해 보게. 자네 오늘 밤에 조로를 못 봤나?"

"못 봤어, 상사."

"그가 말을 타고 이 저택을 지나가는 소리를 못 들었나?"

p.146 "못 들었어. 그런데 어떤 사람이 말을 타고 지나가도 여기 집 안에서는 안 들릴 수도 있지. 펠리페 수도사님이랑 나는 이야기를 나누고 있는 중이었네."

"그럼 도둑이 말을 달려 마을로 들어가는 길을 택한 것이로군!" 곤잘레스 상사가 단언했다.

"조로를 보았나?" 돈 디에고가 물었다.

"하! 우리는 그자에게 가까이 있었지만 그자는 스무 명의 부하들과 함께 있네."

"그 사람이 스무 명의 부하들을 데리고 있다는 말인가?"

"그렇다네! 하지만 곧 나는 그자를 대면하게 될 거야."

"나중에 나한테 그 이야기를 해 줄 거지?" 돈 디에고가 양손을 비비면서 물었다. "이제 서로의 입장을 이해했으니 아마 펠리페 수도사님께서 자네와 부하들에게 음식을 주실 걸세. 그렇게 추격을 한 후라 자네들은 분명 피곤하겠지."

"포도주가 좋겠군." 곤잘레스 상사가 말했다.

p.147 곤잘레스 상사의 하사가 들어와 오두막들과 헛간들을 수색했다고 보고했다. 그들은 조로와 그의 말의 흔적을 발견할 수 없었다.

펠리페 수도사는 마지못해 포도주를 대접했다.

"그래서 이제 어떻게 할 건가, 상사?" 돈 디에고가 물었다.

"조로는 레이나 드 로스앤젤레스 쪽으로 방향을 돌린 것 같네." 곤잘레스 상사가 대답했다. "조로는 분명히 자기가 영리하다고 생각하겠지만 의심할 여지없이 나는 그자의 계획을 다 알 수 있어."

"하! 그렇다면 그 계획이라는 게 뭔가?"

"그자는 레이나 드 로스앤젤레스 주변을 돌아다니다가 산 루이스 레이 쪽으로 길을 택해 잠시 쉬고 나서 캐피스트라노로 갈 것이 분명하네."

"자네와 병사들은 어쩔 건가?" 돈 디에고가 물었다.

"우리는 마음의 여유를 가지고 조로를 쫓을 거야. 그자가 벌인 짓에 대한 이야기가 들릴 때를 기다리고 있으면 그자를 쫓을 만큼 가까워질 거야. p.148 우리가 그자를 잡거나 죽일 때까지 우리에게 휴식이란 것은 없을 거야."

"그리고 자네는 현상금을 받는 거지." 돈 디에고가 덧붙였다.

"현상금도 좋을 거야. 하지만 나는 또한 복수할 기회를 노린다네. 조로는 한 번 내 무기를 빼앗은 적이 있어."

"하! 조로가 자네 면전에 총을 대고 자네를 제대로 싸우지 못하게 강요했을 때가 그때인가?"

"바로 그때야, 이 친구야."

"내가 말을 타고 황야로 나가고 싶게 만들 때가 바로 이런 때라네. 그곳에서 나는 혼자서 코요테, 뱀들과 함께 사색할 수 있겠지."

"자네는 왜 항상 사색만 하고 있는 건가? 자네도 가끔은 싸워야 하네. 자네에게 필요한 것은 약간의 냉혹한 적들이라네."

"그런 말 말게!" 돈 디에고가 외쳤다.

"사실이 그래! 자네는 진정한 남자가 되어야 해!"

p.149 "자네가 나를 거의 설득할 뻔했네, 상사. 하지만 안 돼! 그런 일은 나를 너무 피곤하게 만들 걸세."

곤잘레스 상사는 뭐라고 투덜대더니 탁자에서 일어났다.

"수도사님, 내가 특별히 당신을 싫어하는 것은 아니오. 그나저나 포도주에 대해서는 감사하오. 맛이 아주 뛰어납니다." 상사가 말했다. "우리는 계속 갈 길을 가야 해. 군인의 임무는 살아 있는 동안에는 절대 끝나는 법이 없지."

"길 떠나는 이야기라면 하지도 말게!" 돈 디에고가 소리쳤다. "나도 내일 떠나야 한다네. 집안의 볼일을 다 보았으니 마을로 돌아갈 거라네."

"친구, 자네가 그 힘든 여행에서 살아남기를 바라는 바이네." 곤잘레스 상사가 말했다.

돈 디에고, 돌아오다

p.150 롤리타는 물론 그녀의 부모에게 무슨 일이 일어났는지 이야기해야 했고 돈 디에고가 돌아오면 그에게도 이야기하려고 했다. 집사는 포도주를 가지러 갔었기 때문에 그는 롤리타가 조로에 대한 사랑을 어떻게 고백했는지에 대해서는 모르고 있었다.

그래서 그 아가씨는 부모에게 라몬 대장이 들러서 억지로 자신을 그와 입 맞추게 하려고 했고 그때 조로가 왔다고 말했다. p.151 롤리타는 그들에게 조로가 라몬 대장에게 사과하라고 시키고 집에서 쫓아낸 다음 급히 사라졌다고 말했다.

돈 카를로스는 모욕적인 짓을 한 라몬 대장에게 결투를 신청하고 싶었다. 하지만 그의 부인은 그에게 그것이 좋은 생각이 아니라는 것을 깨우쳐 주었다. 라몬 대장은 돈 카를로스를 죽일 수도 있었고, 마을사람들이 일어난 일에 대해 모르는 것이 최선이었다.

그래서 카를로스는 혼자 투덜댔고 자신이 10년만 더 젊었으면 하고 바랐다. 그는 자기 딸이 돈 디에고와 결혼하면 라몬 대장에게 망신을 주고 그의 어깨에서 군복을 발기발기 찢어 벗기겠다고 약속했다.

롤리타는 아버지의 이야기를 듣고 갈등을 겪었다. 물론 그녀는 이제 돈 디에고와 결혼할 수 없었다. p.152 그녀는 그녀의 애정을 다른 사람에게 주었던 것이다. 롤리타는 진정으로 조로를 사랑하는 것이 아니라고 자신을 설득시켜 보려고 했지만 소용이 없었다. 그녀는 아직 자기 삶으로 들어온 사랑에 대해 부모에게 말할 준비가 되어 있지 않았다. 그것은 부모에게 충격을 주고 그들이 자신을 멀리 보내게 할 수도 있었다.

롤리타는 창가로 방을 가로질러 가서 광장을 쳐다보고 있다가 돈 디에고가 멀리서 다가오고 있는 것을 보았다. 돈 카를로스와 그의 아내는 그를 맞이하기 위해 일어서서 미소 지었다. 그들이 전날 저녁 사교계에 다시 받아들여진 것이 기억났기 때문이었다. 그것은 그들이 돈 디에고의 집에 초대받은 손님이었기 때문이라는 것을 그들은 알고 있었다.

"여기 도착하셨을 때 제가 이곳에 있지 못한 것은 유감입니다." 돈 디에고가 말했다. "집안의 볼일이 끝났을 때 저는 조용하게 밤을 보내려고 펠리페 수도사님의 수도원까지 말을 타고 갔어요. 그런데 우리가 잠이 막 들려고 했을 때 곤잘레스 상사와 한 무리의 군인들이 그 집으로 들어오더군요. p.153 그들은 조로를 쫓고 있다가 어둠 속에서 그를 놓친 것 같았어요!

그 소란스러운 친구들은 한 시간인가를 저희와 있다가 계속 추격을 했지요. 그리고 그들이 폭력적인 일에 대해 말한 것 때문에 저는 무시무시한 악몽을 견뎌야 해서 거의 쉬지도 못했지요. 그리고 오늘 아침에 저는 어쩔 수 없이 레이나 드 로스앤젤레스로 와야 했답니다."

"고생했네." 돈 카를로스가 말했다. "군인들이 조로를 추격하기 전에 그자는 이곳 자네 집에 있었다네."

"뭐라고요?" 돈 디에고가 의자에 몸을 똑바로 세워 앉으며 소리쳤다. "계속 말씀해 보세요."

"우리가 외출한 동안 라몬 대장이 들렀다네. 그자는 우리가 없다는 것을 전해 들어 알았지만 막무가내로 집 안에 들어와서 우리 딸을 괴롭혔어. p.154 조로가 들어와서 대장에게 사과를 시키고 말을 몰아 떠났다는군."

"그런데 그 사람은 제가 잘난 도둑이라고 부르는 사람이잖아요!" 돈 디에고가 외쳤다. "롤리타는 화가 났나요?"

"사실 그렇지는 않아요." 도냐 카탈리나가 말했다. "그 아이를 불러 올게요."

도냐 카탈리나가 방문으로 가서 딸을 불렀고 롤리타는 방으로 들어와 돈 디에고에게 인사했다.

"당신이 내 집에서 욕을 당한 것은 정말 미안합니다." 돈 디에고가 말했다. "내가 어떻게 해야 할지 생각해 보겠어요."

도냐 카탈리나는 남편에게 손짓을 했고 그들은 먼 구석으로 가서 앉았는데, 그것은 돈 디에고를 기쁘게 하는 것 같았지만 롤리타는 그렇지 않은 것 같았다.

라몬 대장, 사과하다

p.155 "라몬 대장은 짐승이에요!" 아가씨가 너무 크지 않은 목소리로 말했다.

"그는 쓸모없는 작자예요." 돈 디에고가 동의했다.

"그 일에 대해 당신이 말할 게 그것뿐인가요?"

p.156 "물론 당신 앞에서 욕을 할 수는 없잖아요."

"이해가 안 되는 거예요? 이 남자가 당신 집에 들어와서 당신이 아내로 맞겠다고 한 여자를 모욕했다고요."

"다음에 총독을 만나면 라몬 대장의 사무실을 다른 부대로 옮겨 달라고 요구할게요."

"오!" 롤리타가 소리쳤다. "당신은 열정이 하나도 없는 건가요? 제대로 된 남자라면 당신은 제 명예를 위해 그와 싸울 텐데요."

"싸우는 것은 아주 피곤한 일이에요." 돈 디에고가 말했다. "폭력에 대한 이야기는 하지 맙시다. 무언가 다른 이야기를 해요. 우리 아버지께서 언제 내가 아내를 맞을지 또 금방 나를 추궁하실 거예요. 결혼 날짜는 정했나요?"

"당신과 결혼할 거라는 말은 한 적이 없어요." 롤리타가 대답했다.

"우리 집은 봤나요? 당신을 분명히 만족시켜 주었을 거라고 확신해요. 당신은 새 마차와 당신이 바라는 것은 무엇이든지 갖게 될 거예요."

p.157 "이게 당신이 제 사랑을 얻으려고 애쓰는 방법인가요?" 롤리타가 물었다.

"내가 기타를 연주하거나 듣기 좋은 말을 해야 하나요? 그런 모든 어리석은 짓 없이는 대답을 해 줄 수 없는 건가요?"

롤리타는 돈 디에고 대신 조로가 이곳에 있기를 바랐다.

"당신한테 솔직하게 말해야겠어요." 롤리타가 말했다. "저는 제 마음을 들여다보았는데 그 안에서 당신에 대한 사랑은 전혀 발견할 수가 없어요. 유감이에요. 우리의 결혼이 나의 부모님께 어떤 의미인지 아니까요. 하지만 나는 당신과 결혼할 수 없어요, 돈 디에고. 그러니 나한테 청혼하는 것은 쓸데없는 짓이에요."

"나는 다 결정된 거라고 생각했어요." 돈 디에고가 말했다. "돈 카를로스 아저씨, 들리세요? 따님이 저와 결혼할 수 없다네요."

p.158 "롤리타, 네 방으로 가라!" 도나 카탈리나가 소리쳤다.

롤리타는 아주 기꺼이 그렇게 했다. 돈 카를로스와 그의 아내는 급히 방을 가로질러 가서 돈 디에고 옆에 가 앉았다.

"자네가 여자 마음을 몰라 걱정이네." 돈 카를로스가 말했다 "여자의 대답을 마지막 대답이라고 받아들여서는 안 돼. 그 아이는 언제나 마음을 바꿀 수 있어. 결국에는 분명히 자네 뜻대로 될 걸세."

"그건 제 능력 밖이에요!" 돈 디에고가 소리쳤다. "이제 어떡해야 할까요? 저는 따님에게 따님이 마음속으로 바라는 것은 모두 주겠다고 했어요."

"딸아이의 마음은 사랑을 원하는 것 같아요." 도나 카탈리나가 말했다.

"말도 안 돼요!"

"그게 아가씨라면 바라는 거예요. 당분간 결혼 이야기는 하지 마세요. 그 생각이 저절로 그 아이에게 생기도록 내버려두자고요."

"하지만 제 아버님께서 언제라도 오셔서 언제 아내를 맞을 거냐고 물어보실 거예요. 아버님은 제게 아내를 맞으라고 다소 명령조로 말씀하셨거든요."

p.159 "자네 아버지는 분명히 이해해 줄 걸세." 돈 카를로스가 말했다. "아버지께 아이 어머니와 내가 자네 편이라고 말씀드리게."

"우리는 내일 집으로 돌아가야 할 것 같아요." 도나 카탈리나가 끼어들었다. "롤리타가 이 멋진 집을 봤으니 이 집을 우리 집과 비교할 거예요. 그 아이는 당신과 결혼한다는 것이 무엇을 뜻하는지 깨닫게 될 거예요."

"서둘러 떠나시지 않으시면 좋겠습니다만."

"이 상황에서는 그것이 최선일 것 같네. 그리고 사흘 후에 우리를 찾아오게. 그러면 분명히 그 아이가 기꺼이 더 자네 말에 귀를 기울이려고 하는 것을 발견하게 될 거야."

"아저씨께서 제일 잘 아실 거라고 생각합니다." 돈 디에고가 말했다. "하지만 적어도 내일까지는 그냥 계시는 겁니다. 이제 저는 가서 이 라몬 대장이라는 사람을 만나 봐야겠습니다."

돈 카를로스는 그런 일은 검술 연습도 하지 않고 싸움에 대해서는 거의 아는 것이 없는 남자에게는 적합하지 않다고 생각했다. p.160 하지만 남자라면 죽음에 이를지라도 자신이 옳은 일을 하고 있다고 믿기만 한다면 괜찮은 것이다. 그래서 돈 디에고는 집에서 나와 천천히 라몬 대장의 사무실로 걸어갔다. 라몬 대장은 돈 디에고가 옆구리에 검도 안 차고 와서 놀랐다.

"내가 없는 동안 당신이 우리 집에 찾아와서 내 손님인 아가씨를 욕보였다는 이야기를 전해 들었소."

"그러셨소?" 라몬 대장이 말했다.

"부상 때문에 열이 있었습니까, 대장?"

"확실히 그랬소." 라몬 대장이 말했다.

"열은 끔찍한 것이죠. 하지만 당신은 그 아가씨와 나를 욕보였어요."

"나는 조로의 소식을 찾으려고 당신 집에 들어갔소." 라몬 대장이 거짓말을 했다.

"조로를 찾았습니까?" 돈 디에고가 물었다.

p.161 "그자가 거기 있었고 나를 공격했소." 라몬 대장이 대답했다. "나는 물론 부상을 입고 있었고 무기도 차고 있지 않았소. 우리는 언젠가 그자를 잡을 거요." 대장이 약속했다. "하지만 당신은 조로가 돈 풀리도의 집에서 나를 어떻게 공격했는지에 대해 생각해 봐야 하오."

"하! 무슨 뜻이죠?"

"어젯밤에 또 다시 그자는 당신이 없고 풀리도 집안사람들이 당신의 손님으로 있는 동안 당신 집에 있었소. 그것은 돈 카를로스가 조로를 돕는 것처럼 보이기 시작하오. 나는 돈 카를로스가 반역자이고 조로를 돕고 있는 것이라고 거의 확신하오. 당신은 정말 그의 딸과 결혼하고 싶은 거요?"

"그런 일이 가능하겠소?" 돈 디에고가 간신히 말문을 열었다. "욕보인 일에 대해서는 다 잊어버릴 뻔 했소!" 디에고가 외쳤다. "대장, 어젯밤 일에 대해 무슨 말씀을 하시겠소?"

p.162 "진심으로 사과하는 바요." 라몬 대장이 대답했다.

"당신 사과를 받아들여야겠군요. 하지만 그런 일이 다시는 일어나지 않도록 해 주시오. 당신은 내 집사를 몹시 겁나게 했어요. 그는 아주 훌륭한 하인이란 말이오."

그리고 나서 돈 디에고 베가는 다시 고개를 숙였고 라몬 대장은 웃었다. 돈 디에고는 반역자가 될 만한 열의를 가지고 있지 않은 것 같았다.

돈 디에고, 관심을 보이다

p.163 비는 그날 낮에도 그날 밤에도 오지 않았다. 아침 식사를 하고 얼마 지나지 않아 돈 카를로스와 그의 아내, 딸은 그들의 집으로 떠날 준비를 했다.

"우리 아버지께 결혼은 없을 거라고 어떻게 말씀드리지요?"

"희망을 포기하지 말게." 돈 카를로스가 그에게 충고했다. p.164 "여자는 머리 모양을 바꾸듯이 자주 마음을 바꾼다네."

돈 카를로스는 일단 집에 도착하자마자 롤리타와 진지한 이야기를 나누어 볼 작정이었고 어쩌면 딸에게 돈 디에고와 결혼하라고 강요할 것을 결정하는 것도 가능했다. 풀리도 가족이 떠난 후 돈 디에고는 집을 떠나 광장을 건너 선술집으로 들어갔다. 뚱뚱한 여인숙 주인이 그를 맞으러 달려왔다. 선술집 창가에서 돈 디에고는 말을 탄 두 남자를 보았고 그 말들 사이에서 세 번째 남자가 걸어왔다. 돈 디에고는 밧줄이 이 남자의 허리에서 말을 탄 남자들의 안장으로 이어져 있는 것을 보았다.

"저 사람은 뭐하는 사람이오?" 돈 디에고는 벤치에서 일어나 창가로 더 가까이 다가가며 소리쳤다.

"저 남자는 재판을 받으러 즉시 판사 앞으로 가게 될 예정이에요. 저 사람은 산 가브리엘에서 재판을 받기 원했지만 허락받지 못했어요."

p.165 "저 남자는 누구요?" 돈 디에고가 물었다.

"저 사람은 펠리페 수도사로 불리지요."

"이게 무슨 일이란 말이오? 펠리페 수도사님은 연세가 많으신 분이고 나의 좋은 친구이기도 한데."

돈 디에고는 이제 약간의 관심을 보였다. 그는 선술집에서 걸어 나와 판사의 사무실로 갔다. 말을 탄 사람들은 곧 죄수와 도착할 것이었다.

그 사람은 펠리페 수도사였다. 펠리페 수도사는 군인들이 말을 타고 오는 동안 그 길을 내내 걷도록 강요당했다. 펠리페 수도사의 옷은 거의 누더기가 되어 있었고 먼지와 땀으로 덮였다. 그의 주변에 모여든 사람들은 이제 수도사를 조롱했지만 그는 고개를 당당히 들고 있었다.

군인들은 말에서 내려 수도사를 판사 사무실로 강제로 끌고 갔다. 돈 디에고가 군중을 밀어 제치면서 들어왔다.

"대체 여기에서 무슨 일이 벌어지는 겁니까?" 돈 디에고가 다그쳐 물었다. p.166 "이분은 성직자이시고 나의 좋은 친구이신 펠리페 수도사님입니다."

"그자는 도둑이오." 군인들 중 한 명이 쏘아붙였다.

"그분이 도둑이면 우리가 믿을 사람은 아무도 없을 거요." 돈 디에고가 말했다.

그러고 나서 돈 디에고는 앉았고 재판이 시작되었다. 고소한 자는 짐승 가죽을 파는 사악해 보이는 사람이었다.

"나는 이 남자에게 가죽을 좀 샀어요. 그는 나한테 금화 20개를 청구했지요. 하지만 내가 가죽을 보니 그것들은 손상되었고 좋지 않은 것이었어요."

"가죽은 훌륭했습니다." 펠리페 수도사가 끼어들었다. "저는 그에게 가죽을 돌려주면 돈을 돌려주겠다고 했어요."

"가죽은 망가져 있었어요." 상인이 주장했다. 그의 조수가 상인의 말에 동의했다.

"할 말이 있나, 수도사?" 판사가 물었다.

p.167 "상관없습니다. 저는 이미 유죄로 밝혀지고 판결이 났는걸요. 판사님은 내가 일개 수도사일 뿐인 데다가 부패한 총독은 섬기지 않기 때문에 이런 식으로 대하고 있는 겁니다."

"당신은 반역죄를 털어놓는 것인가?" 판사가 소리쳤다.

"사실을 이야기하는 겁니다."

판사는 눈살을 찌푸렸다. "이자가 성직자라고 해서 원하는 것을 무엇이든 다 할 수 있다는 뜻은 아니다. 수도사는 이 남자에게 가죽 값을 물어주어야 한다. 수도사는 벌로 채찍질 열다섯 대를 당할 것이다."

채찍질

p.168 원주민들은 박수를 쳤다. 돈 디에고의 얼굴은 하얗게 질렸다. 사무실은 비워졌고 병사들이 수도사를 광장 가운데로 이끌었다. 돈 디에고는 판사가 씩 웃고 있는 것을 지켜보았다.

그들은 펠리페 수도사의 등에서 옷을 찢고 그를 기둥에 묶기 시작했다. p.169 하지만 수도사는 나이가 많음에도 불구하고 여전히 매우 튼튼했다. 갑자기 수도사는 병사들에게 몸을 돌리고 땅에서 채찍을 잡았다.

"물러서라!"

수도사는 채찍으로 후려갈겼다. 수도사는 군인 한 명의 얼굴을 베었다. 그는 또 그에게 달려든 원주민 두 명을 때렸다. 그런 다음에야 모인 사람들이 수도사에게 달려들어 그를 때려눕히고 발로 차며 때렸다. 돈 디에고 베가는 무슨 행동이라도 취하려고 자리를 옮겼다. 그는 군중 한가운데로 달려갔다. 하지만 돈 디에고는 누군가의 손이 그의 팔을 움켜잡는 것을 느꼈고 뒤로 돌았다가 판사의 눈과 마주쳤다.

"저 남자는 온당하게 형을 선고받았소. 당신이 저자를 돕는다면 총독을 배신하는 것이 되오. 그 점을 생각해 보기 위해 멈춰 서겠소, 돈 디에고 베가?"

　돈 디에고 베가는 그런 생각을 해 보지 않은 것이 명백했다. 그리고 그는 이제 그것을 깨달았다. p.170 돈 디에고는 판사에게 고개를 끄덕이고 돌아서서 멀어졌다. 군인들은 마침내 수도사를 채찍질하는 기둥에 묶었다. 채찍은 공기를 가르고 휙 날았고 돈 디에고 베가는 펠리페 수도사의 맨살이 드러난 등에서 피가 튀는 것을 보았다.

　돈 디에고는 그때 얼굴을 돌렸다. 차마 볼 수 없었기 때문이었다. 돈 디에고는 원주민들이 웃고 있는 소리를 들었고 다시 돌아섰다가 채찍질이 끝난 것을 알았다. 펠리페 수도사는 풀려나 기둥 발치에 쓰러졌다. 군중은 자리를 뜨기 시작했다. 산 가브리엘에서부터 따라온 두 명의 수도사가 그들의 형제를 도와 일으켜 세우고 옆으로 데려갔다. 돈 디에고 베가는 그의 집으로 돌아갔다.

　"베르나르도를 내게 보내시오." 돈 디에고 베가가 집사에게 명령했다. 베르나르도는 농아인 원주민 하인이었다. 몇 분이 지나지 않아 그가 큰 거실로 들어왔고 그의 주인 앞에 머리를 숙였다.

　p.171 "펠리페 수도사가 당한 이번 채찍질이 끝났으니 부정한 짓을 행하는 자들을 벌하는 조로가 무슨 일이 일어났는지 듣고 그자들을 혼내 주기를 바라세, 베르나르도."

　베르나르도는 고개를 끄덕였다. 그는 돈 디에고의 입술이 움직임을 멈추면 항상 그런 식으로 고개를 끄덕였다.

　"베르나르도, 내가 마을을 며칠 떠날 때가 되었어. 나는 나와 결혼할 여자를 아직 얻지 못했다는 것을 말씀 드리려고 아버지 댁으로 갈 거야. 그리고 그곳 아버지 집 뒤의 넓은 언덕 위에 내가 쉴 만한 장소를 찾게 되면 좋겠어. 그리고 베르나르도, 너는 물론 나랑 같이 갈 거야."

　베르나르도는 다시 고개를 끄덕였다. 그는 무슨 일이 생길지 짐작해 보았다. 집사가 다른 방에서 귀 기울이고 있다가 돈 디에고가 말한 것을 듣고 돈 디에고의 말을 준비해 놓으라고 명령했다. p.172 잠시 후 돈 디에고는 출발했고 베르나르도는 노새를 타고 그의 뒤를 바짝 따라갔다. 그들은 서둘러 큰길을 따라갔다. 돈 디에고는 마차에서 나오는 펠리페 수도사의 고통에 찬 신음 소리를 들었다. 돈 디에고는 마차가 멈추었을 때 말에서 내렸다. 그는 마차에 다가가서 펠레페 수도사의 손을 꽉 잡았다.

　"가엾은 분." 돈 디에고가 말했다.

"단지 또 다른 부당한 짓의 예일 뿐이네." 펠리페 수도사가 말했다. "20년 동안 교회에 소속된 우리는 여기에서 일했네. 우리가 일해 온 모든 것은 이제 다른 사람들에게 빼앗긴 상태야. 그들은 우리한테서 우리 땅을 빼앗기 시작했고 우리가 경작했던 땅은 정원과 과수원들로 바뀌었어. 그들은 우리를 도둑질하고 있어. 그리고 그들은 이제 우리를 박해하고 있네. 이곳 성직자들은 불운하지. 하지만 우리는 항복하는 수밖에 별 도리가 없네. 레이나 드 로스앤젤레스의 광장에서 내가 채찍을 빼앗아 사람을 때렸을 때 나는 잠시 내 자신을 망각했네. p.173 그것이 굴복해야 할 우리의 운명인데 말이지."

"가끔은 제가 행동을 취하는 남자라면 좋겠어요." 돈 디에고가 말했다.

"자네는 연민의 감정을 베풀지 않아. 그리고 잘못된 방식으로 표현된 행동은 아예 취하지 않는 것보다 더 나쁘다네. 자네는 어디로 가나?"

"저희 아버지 댁이요. 저는 롤리타 풀리도와 결혼하기를 바랐거든요."

"훌륭한 아가씨지! 그 아가씨의 아버지도 부당한 탄압에 맞섰지."

"하지만 그 아가씨는 저를 싫어해요." 돈 디에고가 불평했다. "제가 그 아가씨에게 마을에 있는 제 집을 보여 주고 저의 재산에 대해 언급했는데도요."

"자네는 자네의 마음을 보여 주고 자네의 사랑에 대해 말하고 완벽한 남편이 되겠다는 데 동의했나?"

p.174 돈 디에고가 멍하게 수도사를 바라보았다.

"그렇게 해 보게. 아마 엄청난 효과가 있을 거야."

신속한 응징

p.175 수도사와 돈 디에고, 베르나르도는 이제 서로를 떠나 각자 여행을 계속했다.

시내로 돌아가 보면 가죽 상인과 판사가 선술집에서 수도사에게 훔친 돈을 쓰고 있었다.

p.176 "그 수도사는 용감한 늙은 코요테야. 그 수도사 말이야! 지난달 산 페르난도에서 우리가 한 사람을 매질을 했는데, 그자는 자비를 베풀어 달라며 울부짖었지. 우리가 사람을 울부짖게 만들 수 있을 때는 참 재미있는데!" 가죽 상인은 소리쳤다.

그 이야기에 큰 웃음이 터졌다. 모든 사람들이 그의 선술집에서 많은 돈을 쓰고 있기 때문에 여인숙 주인은 기분이 무척 좋았다.

"수도사에게 자비를 베푼 귀족은 누구였지?" 가죽 상인이 물었다.

"그 사람은 돈 디에고 베가였소." 여인숙 주인이 대답했다.

"그자는 곤란을 자초하게 될 거요."

"돈 디에고는 아닐 거요." 여관숙 주인이 말했다. "그 유명한 베가 가문을 모르시오? 총독까지도 그들을 두려워하오."

"그럼 돈 디에고는 위험한 사람이오?" 가죽 상인이 물었다.

p.177 모두가 웃었다.

"위험하다고? 돈 디에고 베가가?" 살찐 볼 위로 눈물이 흘러내리는 동안 여인숙 주인은 큰 소리로 웃었다. "돈 디에고는 양지 바른 곳에 앉아 몽상하는 것밖에 할 줄 아는 것이 없다오. 그자는 몇 마일 말을 타야 한다면 힘들다고 끙끙대죠. 돈 디에고는 햇볕을 쬐고 있는 도마뱀만큼이나 위험하지 않다오. 하지만 그는 그럼에도 불구하고 훌륭한 신사라오!" 주인은 황급히 덧붙였다.

가죽 상인이 그의 조수와 선술집을 떠났을 때는 거의 황혼 무렵이었다.

그들은 마차 쪽으로 갔고 산 가브리엘 방향으로 난 길로 천천히 출발했다.

그들은 첫 번째 언덕을 넘었는데 그들이 볼 수 있는 것이라고는 그들 앞에 커다란 뱀처럼 뒤틀린 먼지 덮인 큰길과 벌거벗은 언덕들뿐이었다.

p.178 그들은 방향을 돌렸고 말을 탄 남자 한 명이 그들을 대면하고 있는 것을 발견했다.

"말을 돌리시오." 가죽 상인이 외쳤다.

조수가 무서워서 비명을 질렀고 가죽 상인은 말을 탄 사람을 더 자세히 바라보았다. 그의 입이 떡 벌어졌다.

"조로!" 그가 외쳤다. "당신은 나를 괴롭히지 않겠죠, 조로? 나는 가난한 사람이고 돈이 없어요. 겨우 어제에야 수도사가 가죽 값으로 내게 과다 청구를 해서 정의를 구하러 레이나 드 로스앤젤레스에 갔다 왔어요."

"그래서 돈을 받았나?" 조로가 물었다.

"판사가 친절했어요. 그는 수도사에게 변상하라고 했지만 돈을 언제 받게 될지는 몰라요."

"마차에서 내려. 당신 조수도 마찬가지야!" 조로가 명령했다.

p.179 이제 가죽 상인은 말을 탄 남자가 손에 권총을 쥐고 있는 것을 보았으므로 마차에서 최대한 서둘러 내렸다. 그들은 무서워서 벌벌 떨며 조로 앞의 먼지 날리는 도로에 서 있었다.

"저는 가지고 있는 돈이 없어요, 인자한 도둑 나리. 하지만 나리를 위해 구해 올게요." 가죽 상인이 외쳤다.

"조용히 해, 이 짐승 같은 놈아!" 조로가 외쳤다. "나는 네놈의 돈 따위는 필요 없어. 네놈이 거짓말을 해서 수도사가 매질을 당하게 하고 그의 돈을 빼앗았다는 것을 안다. 앞으로 나와."

가죽 상인은 벌벌 떨면서 그 말에 따랐다. 조로는 말에서 재빨리 내려 가죽 상인의 말 앞으로 걸어갔다. 상인의 조수는 마차 옆에 서 있었는데 얼굴이 새하얗게 질려 있었다.

"앞으로 나와!" 조로가 다시 명령했다.

가죽 상인이 갑자기 자비를 베풀어 달라며 빌기 시작했다. 조로가 자신의 긴 망토 속에서 노새에게 쓰는 채찍을 꺼냈기 때문이었다. p.180 "뒤로 돌아!" 조로가 명령했다.

"용서해 주세요! 제가 강도처럼 맞아야 하나요?"

첫 번째 채찍질이 가해졌고 상인은 고통으로 비명을 질렀다. 두 번째 매질이 가해졌고 가죽 상인은 흙먼지가 날리는 큰길에서 무릎으로 기어갔다. 그러자 조로는 앞으로 걸어 나가 왼손으로 가죽 상인의 머리채를 움켜쥐었다. 조로는 상인의 셔츠가 찢어지고 피로 흠뻑 젖을 때까지 채찍으로 그 남자를 때렸다.

그런 다음 조로는 조수에게 관심을 두었다. "너도 정직해지고 공정해지는 법을 배워야 해."

"용서해 주세요!" 조수가 울부짖었다.

"너는 수도사가 매질을 당할 때 웃고 있지 않았더냐?"

조로는 그 청년의 목덜미를 움켜잡고 돌려세워 때리기 시작했다. 그 청년은 비명을 지르더니 훌쩍이며 울기 시작했다. p.181 마침내 조로는 매질을 끝내고 그 청년을 땅에 툭 던졌다.

"너희 둘 다 교훈을 얻었기를 바란다." 조로가 말했다. "마차를 타고 몰고 가라. 그리고 이번에 일어난 일을 말할 때 사실대로 말해라. 그렇지 않은 이야기를 들으면 다시 혼을 내 줄 것이다!"

두 남자는 마차에 올라타고 산 가브리엘로 떠났다.

추가 응징

p.182 조로는 마을이 내려다보이는 언덕으로 말을 타고 올라가 아래를 내려다보았다. 날은 거의 어두워져 있었다. 선술집과 군 기지의 촛불이 켜져 있었다. 조로는 요리된 음식의 냄새를 맡을 수 있었다. 조로는 말을 타고 언덕을 내려와 선술집 문으로 돌진했는데, 선술집 문 앞에서 여섯 명의 남자들이 이야기를 나누며 웃고 있었다.

p.183 "주인장!" 조로가 외쳤다.

그 사람들 중 아무도 조로에게 주목하고 있지 않았다. 주인은 서둘러 나와 말에게 가까이 다가왔다. 그러고 나서 그는 말을 타고 있는 사람이 복면을 쓴 것과 권총이 자신을 위협하고 있는 것을 보았다.

"판사는 안에 있는가?" 조로가 물었다.

"예, 나리!"

"지금 있는 곳에 서서 판사에게 말을 전하게. 그에게 그와 이야기를 나누고 싶어 하는 사람이 여기 있다고 말을 하게."

겁에 질린 여인숙 주인은 판사에게 찢어지는 듯한 소리로 말했다. 판사는 비틀거리며 나왔다. 판사는 조로를 보았을 때 비명을 지르려고 입을 벌렸지만 조로는 그에게 경고를 했다.

"찍 소리도 내지 마시오. 안 그러면 죽이겠소." 조로가 말했다. "나는 당신을 혼내 주러 왔소. 당신이 무고한 사람을 채찍질 했듯이 내가 당신을 채찍으로 때릴 것이오. p.184 문 주위에 있는 당신들은 내 옆으로 오시오!" 조로가 사람들을 불렀다.

사람들이 앞으로 모여들었다. 그들은 가난한 자들이었다. 그들은 처음에는 복면을 알아보지 못했다.

"우리는 이 공정하지 못한 판사를 벌할 것이오." 조로가 그들에게 말했다. "당신들 중 다섯 명은 지금 판사를 붙잡아서 그를 광장 가운데 있는 기둥으로 데려가 그곳에 판사를 묶어 놓으시오."

겁에 질린 판사는 이제 비명을 지르기 시작했다. 사람들은 판사의 팔을 잡고 기둥으로 데려가 묶었다.

"줄을 서시오." 조로가 그들에게 말했다. "이 채찍을 가져가 각자 다섯 번씩 이자를 채찍질하시오. 내가 지켜보고 있을 거요. 당신들이 내 말을 따르지 않으면 총을 쏘겠소. 시작하시오."

조로는 채찍을 첫 번째 남자에게 던졌고 처벌이 시작되었다.

"당신도 하시오, 주인장." 조로가 말했다.

그는 채찍을 집어 들었는데, 채찍질을 하는 힘에 있어서 그는 다른 가난한 자들을 능가했다. p.185 판사는 밧줄에 힘겹게 매달려 있었다. 판사는 정신을 잃었다.

"저자를 풀어주시오." 조로가 명령했다. 사람들이 앞으로 달려 나갔다. "그자를 집에 데려다 주시오." 조로가 계속 말했다. "마을사람들에게 이것이 조로가 가난하고 힘없는 자를 억압하는 자들을 응징하는 방법이라고 전하시오."

판사는 실려 나갔다. 조로는 다시 한 번 여인숙 주인에게 돌아섰다.

"우리는 선술집으로 돌아갈 것이오." 조로가 말했다. "당신은 안에 들어가서 내게 포도주 한 컵을 가져다주고 내가 그것을 마실 동안 내 말 옆에 서 있으시오."

하지만 여인숙 주인은 마음속으로 조로를 두려워하는 것만큼 판사를 두려워했다. 그는 선술집으로 돌아갔으나 경보를 울렸다.

p.186 "조로가 밖에 있어요." 그는 가장 가까운 탁자에 있는 사람들에게 속삭였다.

그런 다음 그는 될 수 있는 한 천천히 포도주를 따르기 시작했다. 선술집 안에는 갑작스러운 움직임이 있었다. 여섯 명쯤 되는 사람들이 검을 빼 들고 문 쪽으로 몰래 갔고 그들 중 한 명은 권총을 장전했다. 조로는 선술집 문에서 20피트쯤 떨어진 곳에서 말 위에 앉은 채 갑자기 남자들이 급하게 문 밖으로 달려 나오는 것을 보았고 자신의 머리 근처로 총이 발사되는 소리를 들었다.

여인숙 주인은 조로가 잡혀서 판사가 자신을 벌하지 않기를 기도하며 문가에 서 있었다. 조로는 사람들 쪽으로 말을 몰아 그들을 흩어지게 했다. 그것이 조로가 원하는 바였다. 조로는 검으로 사람들을 베기 시작했다.

이제 주위에는 비명과 울음소리가 가득했고 사람들이 그 소동의 원인을 알아보려고 집에서 나왔다. p.187 조로는 그들 중 몇몇이 총을 가지고 있곤 했다는 것을 알고 있었고 그 사실이 걱정이 되었다.

그래서 조로는 말을 다시 앞으로 뛰어들게 하여 뚱뚱한 여인숙 주인이 그것을 알아채기도 전에 그의 옆에 있었다. 조로는 손을 아래로 뻗어 그의 팔을 움켜잡았다. 말을 타고 조로는 여인숙 주인을 채찍질하는 기둥까지 끌고 갔다.

"그 채찍을 나한테 건네게." 조로가 명령했다.

비명을 지르고 있는 여인숙 주인은 그대로 따랐다. 조로는 그를 채찍질하기 시작했다.

"당신은 나를 배신하려고 했어!"

"용서해 주십시오!" 여인숙 주인이 비명을 지르며 땅에 쓰러졌다.

조로는 다시 그를 채찍질했다. 조로는 말을 몰아 그의 적들 중 가장 가까이에 있는 이에게 돌진했다. 또 한 번 총알이 조로의 머리를 스쳐 지나가며 소리를 냈고 또 다른 남자는 검을 들고 조로에게 달려들었다. 조로는 그 남자를 찔렀다. 그러고 나서 조로는 사람들로부터 멀리 말을 질주시켰다.

p.188 "싸움을 흥미롭게 만들기에 당신들로는 충분하지가 못해!" 조로가 외치며 질주해 사라졌다.

돈 알레한드로의 농장에서

p.189 조로가 떠난 뒤 마을은 혼란에 빠졌다. 사람들은 비명을 지르며 무슨 일이 일어났던 것인지 이해해 보려고 했다. 원주민들은 긴장했다. 많은 젊은이들이 선술집에 있었다. 그들은 여인숙 주인이 조로에 대해 불평하는 말에 귀를 기울였다. p.190 라몬 대장이 기지에서 내려왔다. 라몬 대장은 곤잘레스 상사에게 가서 레이나 드 로스앤젤레스로 돌아오라고 지시하려고 사람을 보냈다.

하지만 마을의 부유한 젊은이들은 이 일을 재미와 돈을 벌 수 있는 기회로 간주했다. 그들은 조로를 잡기 위한 모임을 조직하는 것을 제안했다. 서른 명 정도의 청년들이 말에 올라탔고 그런 다음 조로를 찾기 위해 열 명씩 세 무리로 나뉘었다.

마을사람들은 청년들이 출발할 때 그들을 응원해 주었고 그들은 언덕을 빠르게 질주해 올라가 산 가브리엘 도로 쪽으로 갔다. 곧 청년들은 헤어졌다. 열 명은 산 가브리엘 쪽으로, 또 다른 열 명은 펠리페 수도사의 농장으로 가는 길을 택했다. 마지막 열 명은 골짜기 밑으로 굽이쳐 내려간 길을 따라 부자들이 소유한 사유지가 연달아 있는 마을로 갔다.

돈 디에고 베가는 조금 전 이 길을 따라 달렸고 농아인 베르나르도가 노새를 타고 그 뒤를 따랐다. p.191 마침내 그는 주도로에서 방향을 돌려 아버지의 집 쪽으로 향하는 더 좁은 길을 따라갔다.

문 앞에서 말을 탄 사람 소리가 들렸을 때 집안의 가장인 돈 알레한드로 베가는 식탁에 홀로 앉아 있었다. 하인이 문을 열러 달려갔고 돈 디에고가 들어왔는데, 베르나르도는 돈 디에고 뒤에 바짝 붙어 따라왔다.

"아, 돈 디에고, 내 아들!" 아버지가 외쳤다.

"피곤한 여정이었어요." 돈 디에고가 말했다.

"왜 그런 데도 온 거냐, 애야?"

"집에 와야 할 것 같았어요." 돈 디에고가 말했다. "조로 때문에 마을에 폭력적인 일이 너무 많아요."

"하! 그에 대해 무슨 소식이 있는데 그러느냐?"

"조로가 풀리도 집안의 저택을 찾아 가서 거기 있는 모든 사람들을 겁먹게 했어요. p.192 저는 일 때문에 제 집에 갔다가 거기에서 펠리페 수도사님을 뵈러 들렀죠. 그런데 누가 나타났게요? 바로 조로를 찾고 있는 거구의 상사와 그의 군인들이었어요."

"그들이 조로를 잡았니?"

"아닌 것 같아요, 아버지. 저는 마을로 돌아갔어요. 그런데 오늘 그곳에서 무슨 일이 일어났을 것 같으세요? 그들이 상인을 속였다고 고발당한 펠리페 수도사님을 마을로 데려왔어요. 재판 후에 그들은 수도사님을 기둥에 묶고 등에 열다섯 번의 채찍질을 했어요."

"악당들!" 돈 알레한드로가 소리쳤다.

"저는 더 이상 참을 수가 없어서 아버지를 찾아뵙기로 결심한 거예요."

"나한테 또 할 말이 또 있지?" 돈 알레한드로가 아들에게 물었다.

"그 일은 피해 가기를 바랐는데요, 아버지…… p.193 저는 풀리도 가문의 저택을 방문해서 돈 카를로스 아저씨 아주머니와 이야기를 나눴어요. 롤리타랑도요."

"롤리타를 좋아하니?"

"그녀는 사랑스러운 것 같아요." 돈 디에고가 말했다. "저는 돈 카를로스 아저씨께 결혼 문제에 대해 말씀드렸는데 아저씨는 기뻐하시는 것 같았어요."

"하! 그 사람은 그렇겠지." 돈 알레한드로가 말했다.

"하지만 유감스럽게도 결혼식이 열릴 일은 없을 것 같아요."

"어째서?"

"롤리타는 사랑스럽고 순진한 아가씨인 것 같아요, 아버지. 저는 카를로스 아저씨 식구들을 레이나 드 로스앤젤레스로 오시라고 하여 며칠 제 집에 묵으시라고 했어요. 롤리타가 제 집에 갖춰놓은 것을 보고 제 재산을 알 수 있도록 계획을 짠 거였죠."

"그건 현명한 일이었구나."

"하지만 롤리타는 저를 거절했어요."

p.194 "어째서?"

"롤리타는 제가 자기에게 맞는 그런 부류의 남자가 아니래요. 롤리타는 어리석은 것 같아요. 롤리타는 제가 자기 창 아래에서 기타를 연주해 주기를 원하는 것 같아요, 아마도요……."

"네가 베가 집안사람이 맞니?" 돈 알레한드로가 소리쳤다. "아름다운 아가씨를 유혹할 기회를 갖는 것을 좋아해야 마땅하지!"

"하지만 저는 그런 일들은 필요하다고 여기지 않았는걸요." 돈 디에고가 말했다.

"너는 그렇게 냉정한 태도로 아가씨에게 가서 네가 결혼해야 하니 그 일을 처리하자고 제안이라도 한 거냐? 네가 말이나 황소를 사고 있다고 생각했던 거니?"

"돈 카를로스 아저씨는 롤리타를 농장으로 데리고 돌아가셨고 어쩌면 그녀가 제 집에 있었을 때를 곰곰이 생각해 볼 시간을 좀 갖는다면 마음을 바꿀지도 모른다고 암시하셨어요."

"네가 정정당당하게 행동한다면 그 아이는 네 사람이야." 돈 알레한드로가 말했다.

p.195 "결혼 이야기는 그만하실 수 없을까요?" 돈 디에고가 물었다.

"너는 스물다섯이야. 나는 네가 태어났을 때 꽤 나이가 들어 있었다. 이제 곧 나는 죽을 거야. 너는 외아들이고, 상속인이니 아내와 자손이 있어야 한다. 너는 이후 석 달 내로 내가 인정하는 아내를 얻어야 해. 그렇지 않으면 내가 죽을 때 내 재산을 모두 교회에 남길 거야."

"아버지!"

"네가 조로가 가진 용기와 열정을 절반이라도 가지고 있다면 좋을 텐데! 조로는 원칙을 갖고 사람들을 위해 싸운다. 그는 힘없는 자들을 돕고 억압받는 자들의 복수를 해 주지. 너 대신 조로를 아들 삼는다면 차라리 좋겠구나, 이 생기 없는 몽상가 녀석아!"

"저는 본분을 다하는 아들이었어요."

p.196 "내가 네 나이였을 때 나는 싸울 준비도, 사랑할 준비도, 또 어떤 남자와도 맞붙어 싸울 준비가 되어 있었다. 너는 더 사내다워져야 해."

"곧 그렇게 해 볼게요." 돈 디에고가 의자에서 몸을 좀 꼿꼿이 세우며 말했다. "다른 남자들이 아가씨들에게 결혼을 전제로 교제하자고 하는 것처럼 저도 롤리타에게 그럴 거예요. 아버지의 재산에 대해 말씀하신 것은 진심이세요?"

"그렇다." 돈 알레한드로가 말했다.

갑자기 돈 알레한드로와 그의 아들은 그들의 집 앞에서 말을 탄 다수의 남자들이 멈춰 서는 소리를 들었다.

하인이 문을 열었고 옆구리에 검을 차고 허리띠에 총을 찬 청년 열 명이 그곳 큰 방으로 들어왔다.

"하, 돈 알레한드로 아저씨! 저희를 여기 머물게 해 주십시오!" 첫 번째 청년이 말했다.

"자네들은 허락을 구하지도 않고 그러고 있지 않나. 어디로 가는 건가?"

p.197 "저희는 조로를 추격하고 있습니다. 조로는 레이나 드 로스앤젤레스의 광장에 침입했어요. 조로는 판사가 펠리페 수도사를 채찍질한 형에 처했다고 그를 채찍질했고 뚱뚱한 여인숙 주인도 채찍질을 했지요. 그러고 나서 말을 타고 떠났습니다. 조로가 이 근방에 있지는 않았습니까?"

"내가 아는 바로는 없었네." 돈 알레한드로가 말했다.

"자네는 그자를 보지 못했나, 돈 디에고?"

"그자를 못 봐서 다행이네." 돈 디에고가 말했다.

돈 알레한드로는 하인들을 불러 보냈고 이제 포도주가 든 컵들과 작은 케이크들을 산더미처럼 긴 식탁 위에 가득 내놓았으며 청년들은 먹고 마시기 시작했다. 돈 디에고는 그것이 무엇을 의미하는지 잘 알았다. 청년들은 추격을 포기하고 다음날 아침 시내로 돌아갈 것이었다.

p.198 그것은 항상 일어나는 일이었다. 청년들은 돈 알레한드로의 집에 여자가 한 명도 살고 있지 않기 때문에 그 집에서 하는 파티를 아주 좋아했다. 그들은 마음껏 떠들 수 있었다. 곧 그들은 총과 검을 치워 두고 허풍을 떨며 잘난 체하기 시작했다.

돈 디에고는 한동안 그들과 함께 마시며 이야기하다가 마치 그런 어리석은 이야기들이 그를 지루하게 만들기라도 한 듯이 한쪽에 앉아 이야기를 들었다.

"조로가 이 방향으로 말을 몰았니?" 돈 알레한드로가 물었다.

"그 점은 확실히 모르겠어요. 그자가 산 가브리엘 길을 갔고 우리 서른 명이 쫓아갔어요. 우리는 세 무리로 갈라졌지요. 하지만 여기 있게 된 것이 우리로서는 최고의 행운이죠."

돈 디에고가 청년들 앞에서 일어섰다.

"이보게들, 나는 자러 가야 하니 실례하겠네." 돈 디에고가 말했다.

"자게." 친구들 중 한 명이 소리쳤다. "그리고 쉬고 나면 다시 나와서 즐겨야 하네."

p.199 청년들은 그 말에 웃음을 터뜨렸고 돈 디에고는 고개를 숙여 인사했다. 그러고 나서 돈 디에고는 서둘러 방에서 나갔고 베르나르도가 그의 뒤를 따랐다.

돈 디에고는 항상 그를 위해 준비되어 있는 방에 들어갔고 베르나르도는 밤새 주인을 지키려고 그 방 바로 바깥의 바닥에 몸을 뻗고 누웠다.

큰 거실에서 돈 디에고는 거의 잊혀졌다. 돈 디에고의 아버지는 눈살을 찌푸리고 있었는데, 자기 아들이 다른 청년들 같았으면 하고 바랐기 때문이었다.

"조로가 여기 있다!" 누군가가 문가에서 외쳤다.

동맹이 결성되다

p.200 노래와 웃음이 그쳤다. 조로가 문 바로 안쪽에 서 있었다. 조로는 긴 망토를 걸치고 복면을 쓰고 있었다. 한 손에는 미움 받는 그의 권총을 들고 있었고 그것은 식탁 쪽을 겨냥하고 있었다.

"움직이지 마시오. 안 그러면 당신들을 죽이겠소. 당신들은 너무 시끄럽군. 조로가 큰길을 달리는 동안 당신들은 왜 흥청망청 놀려고 멈춰 선 것이오?

p.201 "내 검을 줘. 저자와 대적하겠어!" 한 명이 외쳤다.

"지금 나와 검 싸움할 수 있는 사람이 이 무리 중에 한 명이라도 있다고 생각하나?"

"한 명 있지!" 돈 알레한드로가 큰 소리로 외쳤다. "나는 당신이 한 행동들 중 일부에 감탄한다고 공개적으로 말하는 바이지만 지금 당신은 내 집에 들어와서 내 손님들을 매도하고 있소!"

"나는 당신과는 검을 맞대는 것은 거부합니다. 나는 이들에게 교훈을 가르쳐 주러 온 것입니다."

"돈 알레한드로 아저씨께서 우리 싸움에 나서면 안 돼!" 청년들 중 한 명이 외쳤다.

"그럼 그분께서 자리에 앉는 것을 보게."

돈 알레한드로는 앞으로 나오기 시작했으나 청년들 중 두 명이 그를 막고 자리에 앉혔다.

"검을 손에 쥐고 압제를 공격하시오! p.202 당신들의 존귀한 이름에 맞게 사시오! 도둑질하는 정치인들을 이 땅에서 몰아내시오! 이 넓은 땅을 우리에게 주는 일을 하는 수도사들을 보호하시오! 사내답게 구시오. 나는 돈 알레한드로 씨의 집에서 당신들과 싸우려고 여기 온 것이 아니오. 나는 그러기에는 저분을 너무나 존경하오. 나는 당신들에게 진실을 말해 주려고 왔소. 당신들끼리 뭉쳐서 뭔가 보람 있게 인생을 사시오. 두렵지 않다면 당신들은 그렇게 하려고 하겠지."

"농담이겠지!" 한 명이 말을 받아 소리쳤다.

"그렇게 생각하시오? 정치인들이 감히 가장 힘 있는 가문의 후계자들인 당신들에게 맞설 것 같으시오? 함께 무리를 이루어 이름을 떨치시오."

"그건 반역이 될 거요."

"폭군을 타도하는 것은 반역이 아니오! 두렵소?"

"전혀 그렇지 않소!" 청년들이 한 목소리로 외쳤다.

"그럼 일어서시오!"

p.203 "당신이 우리를 이끌 테요?"

"그렇소!"

"하지만 잠깐! 당신은 좋은 가문 출신이오?"

"내 가문은 여기 있는 누구 못지않게 좋소." 조로가 그들에게 말했다.

"나는 자네들을 지지하네." 돈 알레한드로가 말했다.

그들의 환호가 큰 방을 채웠다. 돈 알레한드로 베가 그들 편이라면 아무도 그들에게 맞서지 못할 것이었다. 총독이라고 할지라도 감히 그들에게 대적하지는 못할 것이었다.

"우리들을 응징자들이라고 부르겠소! 우리는 도둑질하는 정치인들을 몰아낼 것이오!"

"그럼 당신들은 약한 자들을 보호하는 기사 같을 것이오." 조로가 말했다. "나는 선두에 서고 당신들에게 충성을 다하겠소. 또한 나는 당신들이 나한테 충성할 것을 기대하겠소."

p.204 "우리가 무엇을 할까요?" 청년들이 외쳤다.

"이 일을 비밀로 지키시오. 아침에 레이나 드 로스앤젤레스로 돌아가 조로를 못 찾았다고 말하시오. 힘을 합치고 말에 오를 준비를 해 두시오. 때가 되면 전갈을 보낼 거요. 내가 한 명에게 말을 전하면 그가 다른 이들에게 알려 줄 것이오. 동의하오?"

"동의하오!" 그들은 외쳤다.

"그럼 나는 이제 여기를 떠나겠소. 당신들은 이 방에 남아 있어야 하오. 누구도 나를 따라오려고 하지 마시오." 조로는 그들에게 고개를 숙여 인사하고 문을 활짝 열고서 달려 나갔고 그 뒤로 문이 쾅 닫혔다. 몇 분 후 돈 디에고가 눈을 비비고 하품을 하며 천천히 방으로 들어왔다.

"앉아라, 아들아." 돈 알레한드로가 재촉했다. "너와 의논할 아주 중요한 일이 있다."

이해

p.205 청년들은 남아 있는 그날 밤을 조로에게 제공할 계획을 세우며 보냈다. 그들은 그 시절의 상황을 잘 알고 있었고 바람직하지 않은 일들이 벌어지고 있다는 것을 깨달았기 때문이었다. 조로가 청년들을 고무시켰던 것이다.

p.206 돈 디에고는 아버지에게 자신이 그 계획에서 한 역할을 해내야 한다고 들었다. 돈 디에고는 화를 냈지만 아버지가 그에게 이야기한 것을 받아들였다. 그런 일은 돈 디에고를 죽일 수도 있었다!

아침 일찍 청년들은 레이나 드 로스앤젤레스로 돌아가는 길에 나섰고 돈 디에고는 아버지의 명령으로 그들과 함께 말을 타고 갔다. 그들의 계획에 대해서는 아무 말도 하지 않기로 되어 있었다. 청년들은 조로를 쫓는 것에 착수했던 서른 명 중 나머지 사람들에서 인원을 더 충원해야 했다. 몇몇은 선뜻 그들과 합류한 반면 몇몇은 단순하게 총독을 따르는 이들이 있었다. 베르나르도는 여전히 노새를 타고 돈 디에고를 따라가고 있었다.

돈 디에고는 일행을 떠나 서둘러 그의 집으로 갔다. 돈 디에고는 베르나르도에게 부엌에서 대기하며 주인의 신호를 기다리고 있으라고 말했다. 그리고 나서 돈 디에고는 마차를 불렀다. 그 마차는 엘 카미노 레알에서 가장 화려한 마차 중 하나였다. 돈 디에고는 가장 좋은 옷을 차려입고 집에서 나왔지만 마차에는 타지 않았다. p.207 페드로 곤잘레스 상사와 그의 병사들이 광장에 들어왔다. 곤잘레스 상사는 돈 디에고에게 조로를 잡지 못했다고 말했다.

멋진 말 두필이 마차에 매여 있었다. 돈 디에고는 마차가 출발하자 쿠션에 기대 몸을 뒤로 뺀고 눈을 반쯤 감았다. 마부는 광장을 가로질러 큰 길로 방향을 틀어 돈 카를로스 풀리도의 저택 쪽으로 가기 시작했다.

돈 카를로스는 베란다에 앉아 있다가 멋진 마차가 다가오고 있는 것을 보고 일어나 아내와 딸과 대면하기 위해 집 안으로 서둘러 들어갔다.

"돈 디에고가 온다." 돈 카를로스가 말했다. "내가 그 청년에 대해서 네게 이야기해 주었으니 나는 네가 본분을 다하는 딸이 될 거라고 믿는다."

p.208 그리고 나서 돈 카를로스는 돌아서서 다시 방을 나왔고 아가씨는 자신의 방으로 달려 들어가 소파 위에 몸을 던지고 흐느껴 울었다. 롤리타는 자신이 돈 디에고에게 조금의 사랑이라도 느낄 수 있기를 바랐고 그를 남편으로 받아들일 수 있기를 바랐지만 자신은 그럴 수 없다는 느낌이 들었다.

돈 디에고가 마차에서 내렸다. 돈 디에고는 돈 카를로스에게 인사를 했고 돈 카를로스는 돈 디에고가 팔에 기타를 끼고 있는 것에 주목하고서 놀랐다.

"제가 정해진 시간 내에 아내를 얻지 않는다면 아버지께서는 돌아가실 때 아버지의 재산을 전부 교회에 주시겠다고 하십니다. 저는 며느리로 아버지께서 받아들일 수 있는 다른 아가씨는 알지 못해요. 제가 어떻게 롤리타의 마음을 얻을지 생각해 두신 게 있으세요?"

"처음에는 결혼 이야기는 한 마디도 하지 말고 대신 사랑 이야기를 하게. 저음의 진중한 목소리로 이야기하고 아가씨들이나 많은 의미를 찾을 수 있는 아무 의미도 없는 말들을 하게나."

p.209 "제게는 너무 어려운 일이라 걱정이네요. 지금 롤리타를 볼 수 있을까요?"

돈 카를로스는 문가로 가서 아내와 딸을 불렀다. 두 사람 다 미소를 지었지만 그의 딸은 걱정스러운 미소를 지었다. 돈 디에고는 롤리타를 벤치로 데리고 가서 일반적인 일들에 관해 이야기하기 시작했고 그렇게 이야기하는 동안 돈 디에고는 기타 줄을 퉁겼다.

롤리타는 돈 디에고가 결혼 이야기를 하지 않아서 기뻤다. 대신 그는 마을에서 수도사와 조로에게 일어난 일에 대해 이야기했다.

"내 아버지께서는 만약 내가 정해진 시간 내에 부인을 얻지 않으면 상속권을 박탈하겠다고 위협하십니다." 결국 돈 디에고는 말을 꺼냈다.

"당신과 결혼하는 것에 자부심을 느낄 아가씨들은 많아요, 돈 디에고."

p.210 "하지만 당신은 아닌가요?"

"물론 자랑스러울 거예요. 하지만 마음이 말하지 않으면 여자들은 어쩔 도리가 없지 않겠어요? 당신은 당신을 사랑하지 않는 아내를 얻고 싶은 건가요?"

"그럼 당신은 영원히 나를 사랑하게 되지 않을 거라고 생각하나요?"

갑자기 롤리타가 돈 디에고와 마주 보았다.

"당신을 믿어도 되겠어요?"

"목숨을 걸고 맹세해요."

"그럼 당신한테 말할 것이 있어요. 그리고 그것을 비밀로 지켜 주기를 부탁할게요."

"말해 봐요."

"나도 당신을 사랑하면 좋겠지만 나는 사랑하지 않는 사람과 결혼할 만큼 위선적이지 못해요. 당신과 결혼할 수 없는 큰 이유가 있어요."

"당신 마음에 다른 남자가 있나요?"

"맞혔어요. 당신도 그런 경우라면 나를 아내로 맞고 싶지 않을 거예요. 우리 부모님께서는 모르세요. 내 비밀을 지켜 주어야 해요."

p.211 "그럴 만한 남자입니까?"

"그렇다고 확신해요. 나는 다른 남자를 절대 사랑할 수 없을 거예요. 이제 나를 이해하겠어요?"

"완전히 이해합니다."

"당신이 진정한 남자일 줄 알았어요."

"그럼 만약 일이 잘못되어 친구가 필요하면 나를 불러요."

"우리 아버지가 지금은 의심하시면 안 돼요. 당신이 여전히 나를 원하고 있다고 생각하시게 해야 하고 나는 전보다는 더 당신을 염두에 두고 있는 척할 거예요. 그리고 당신은 서서히 여기로 오는 발길을 끊으면 돼요."

"알겠어요. 하지만 당신과 결혼을 전제로 교제하겠다고 아저씨께 허락을 받았는데 내가 지금 다른 아가씨와 교제한다면 나는 아저씨를 화나게 할 거예요. 그리고 내가 다른 아가씨와 교제하지 않는다면 우리 아버지를 화나게 만들 테고요."

"어쩌면 그분들께서 오랫동안 화를 내실지도 모르지요."

p.212 "하! 방법이 있어요! 남자가 사랑에 상심했을 때 어떻게 하죠? 나는 당신이 내 사랑에 보답해 주지 않아서 풀이 죽은 것처럼 행동하겠어요. 그러면 사람들이 내가 바보처럼 말을 타고 싸우는 대신 양지 바른 곳에서 몽상하고 사색에 잠길 때 그 이유를 안다고 생각할 거예요. 나는 평화롭게 내 방식을 고수할 수 있게 될 테죠. 훌륭한 생각이에요!"

"당신은 재미있네요!" 롤리타가 웃으며 소리쳤다.

돈 카를로스와 도나 카탈리나는 그 웃음소리를 듣고 그들의 딸이 돈 디에고를 좋아하기 시작하고 있다고 생각했다.

그러고 나서 돈 디에고는 기타를 연주하며 계속 거짓 연기를 했다. 롤리타는 기쁜 것처럼 연기했고 돈 디에고는 그날 저녁 말을 타고 집으로 돌아갔다.

체포 명령

p.213 총독은 여행 중이었다. 총독은 결국 산 디에고 드 알칼라로 가서 그의 친구들에게는 상을 주고 그의 적들에게는 벌을 줄 계획을 짜고 있었다. 총독은 한 시간 전에 산타바바라에 도착했고 라몬 대장의 연락병을 맞았다. 라몬 대장의 연락병은 그가 가져온 편지가 매우 중요한 것이라고 들었으므로 서둘러 사무실로 갔다.

p.214 총독은 편지를 받았다. 처음에 그는 매우 만족스러워 보였다가 또 한 번 읽고 눈살을 찌푸렸다. 총독은 그가 돈 카를로스 풀리도를 더 뭉갤 수 있다는 생각은 마음에 들었지만 조로가 여전히 자유롭다고 생각하는 것은 마음에 들지 않았다.

그래서 아침에 총독은 스무 명의 병사들과 라몬 대장의 연락병과 함께 레이나 드 로스앤젤레스로 갔다. 총독은 길을 재촉했고 그날 아침 나절 레이나 드 로스앤젤레스의 광장에 들어갔다. 돈 디에고가 기타를 들고 풀리도 저택으로 마차를 몰고 간 것이 바로 그날 아침이었다.

총독은 이곳의 사람들을 주의 깊게 지켜보았다. 그는 사람들의 충성심을 확신할 수가 없어서 어떤 사람들이 그에게 충성하고 어떤 사람들이 불충한지 알아내려고 했다. 총독은 군 기지로 가기로 결정했고 돈 디에고가 마을에 없다는 것을 알게 되었다.

p.215 곤잘레스 상사와 그의 부하들은 물론 조로를 추격하러 나가 있었고 라몬 대장은 기지의 사무실에서 총독을 기다리고 있었다.

"최근 소식에는 뭐가 있는가?" 총독이 물었다.

"제 부하들이 추격 중입니다. 하지만 제가 편지에 썼듯이 조로한테는 많은 추종자들이 있습니다."

"그들을 다 죽여 버려야 해!" 총독이 소리쳤다. "그런 자는 언제나 추종자들이 있지. 그리고 더 많은 추종자들이 생겨서 결국 지나치게 힘을 얻고 나면 우리에게 심각한 문제를 일으키게 되는 거야."

"또한 조로는 우리 병사들의 움직임을 아는 것 같습니다."

"그럼 첩자가 그에게 경고를 해 주고 있는 것인가? 자네는 돈 디에고를 의심하나?"

"총독님께서는 아마 제가 편지에서 베가 집안을 의미했다는 것을 짐작하셨을 것입니다. 이제는 제가 틀렸다는 것이 분명합니다. 조로는 돈 디에고가 집을 비운 어느 날 밤 그의 집에까지 침입했으니까요. p.216 하지만 돈 카를로스 풀리도와 그의 식구들이 거기 있었습니다."

"하! 돈 디에고의 집에?"

"그것이 재미있습니다." 라몬 대장이 가볍게 웃으며 말했다. "돈 알레한드로가 돈 디에고에게 신붓감을 데려오라고 명령했다는 이야기를 들었습니다. 그 청년은 여자들과 결혼을 전제로 교제하는 부류의 남자가 아닙니다. 그는 생기가 없지요."

"나도 그자를 알지. 계속하게."

"조로가 풀리도의 집에 전에 다녀간 적이 있었지요. 그래서 돈 디에고는 그들에게 자신이 없는 동안 안전을 위해 그의 집에서 머물러 달라고 제안했어요. 또한 돈 디에고는 자기의 재산으로 풀리도의 딸을 감동시키기를 원했지요. 조로가 최근 그 집을 방문했고 돈 디에고는 그 다음날 돌아왔습니다. 어쨌든 풀리도 집안사람들은 돈 디에고가 돌아온 후에 자신들의 저택으로 돌아갔습니다. 돈 디에고가 이곳으로 저를 찾아왔으므로 저는 그가 반역을 꾀하고 있는 것은 아닐 거라고 생각합니다."

"그 이야기를 들으니 기쁘군. 베가 가문은 힘이 있어. p.217 그들과는 친분을 유지하는 것이 지혜롭지. 그게 가능하다면 말이야. 하지만 이 풀리도 집안사람들은……."

"그 딸까지 조로를 돕고 있는 것 같습니다." 라몬 대장이 말했다. "그녀는 제게 조로의 용기에 대해 허풍을 떨더군요. 그녀는 군인들을 비웃었어요. 돈 카를로스 풀리도와 수도사들 중 일부가 조로를 도우며 그에게 음식과 마실 것을 제공하며 그를 숨겨 주고 군인들의 행방에 관한 소식을 전하며 그자를 보호하고 있습니다."

"나는 돈 카를로스가 교훈을 얻었다고 생각했는데 그렇지 못했나 보군. 기지에 남아 있는 부하들이 있나?

자네의 연락병이 여기서 나의 안내자가 될 걸세. 그리고 돈 카를로스와 그의 가족들을 체포하기 위해 내 부하들 중 절반을 보내겠네."

격노

p.218 돈 디에고의 마차가 다시 마을에 도착했다. 돈 디에고는 그곳에서 군인들을 보았고 총독이 도착했다는 것을 알아차렸다. 연락병을 뒤따라 군인들이 돈 카를로스의 집으로 향하는 큰길을 따라 말을 빠르게 질주시켰다. 집에 도착했을 때 그들은 그곳을 에워싸고 꽃들을 뭉개고 닭들을 겁주며 소동을 피웠다.

p.219 돈 카를로스는 밖에 앉아 있었다. 그는 말발굽 소리를 들었을 때 벌떡 일어났다. 군인 한 명이 그와 이야기하러 다가왔다.

"당신이 돈 카를로스 풀리도입니까?" 군인이 큰 소리로 물었다.

"그렇소."

"나는 당신을 군법에 따라 구금하라는 명령을 받았습니다."

"체포라니!" 돈 카를로스가 외쳤다. "누가 그런 명령을 내렸소?"

"총독께서 내리셨습니다. 총독님은 지금 레이나 드 로스앤젤레스에 계십니다."

"그런데 무슨 죄로?"

"반역과 국가의 적들을 도운 죄입니다."

"헛소리!" 돈 카를로스가 외쳤다. "내가 자네와 같이 가기를 바라는가?"

p.220 "그렇게 할 것을 요구하는 바입니다."

"그래도 내가 재판장에 나타날 거라는 신뢰도 받지 못할 리는 없지 않은가?"

"나는 부대로 가고 당신은 감옥으로 갑니다." 군인이 말했다.

"자네가 감히 나를 더러운 감옥에 던져 넣겠다고?"

"명령을 받았습니다."

"적어도 외부인이 감시하지 않는 가운데 내 아내와 딸에게 이 소식을 알려 주어도 되겠나?"

"부인이 도나 카탈리나 풀리도인가요?"

"그렇다네."

"부인도 체포하라고 명령받았습니다."

"쓰레기 같은 녀석!" 돈 카를로스가 외쳤다.

"제가 받은 명령입니다. 부인도 역시 반역과 국가의 적들을 도운 죄로 피소되었습니다."

"그 사람한테 무슨 짓을 하려고 그러는가?"

"부인은 감옥에 갑니다. 이만하면 됐습니다. 명령은 명령입니다."

p.221 그때 도나 카탈리나가 밖으로 달려 나왔다. 집 안에서 이야기를 듣고 있었기 때문이었다. 그녀의 얼굴은 하얗게 질려 있었지만 그녀의 얼굴에는 당당한 표정이 있었다.

"당신 들었소?" 돈 카를로스가 물었다.

"들었어요, 여보. 저는 이런 일반 병사들과 이 문제의 요지를 논할 만큼 자존심이 없지는 않아요."

"하지만 참 유감스러운 일이오! 그러면 우리 딸이 하인들과 여기 혼자 있어야 할 텐데."

"당신 딸이 롤리타 풀리도인가요?" 군인이 물었다. "당신 딸의 체포 명령도 받았습니다."

"그들은 내 재산과 땅을 빼앗았지. 그들이 내게 치욕스러운 일을 쌓아 놓았어. 하지만 내 자존심을 구겨 놓을 수는 없어!"

롤리타는 처음 그 소식을 들었을 때는 흐느껴 울었지만 그런 다음 눈물을 거두었다. 롤리타 역시 자존심이 세서 울지 않았다. p.222 하인들은 문 앞으로 마차를 가져왔고 돈 카를로스와 그의 아내와 딸은 마차에 올라타고 치욕의 길을 떠나기 시작했다.

그들은 마차에 탄 사람들을 궁금하게 바라보는 다른 사람들을 지나쳤지만 아무 말도 하지 않았다. 어떤 이들은 슬퍼하며 바라보았고 또 어떤 이들은 씩 웃었다. 광장 가장자리에서 그들은 그 가족을 괴롭히기 위해 총독에게 돈을 지불 받은 원주민 무리들을 만났다. 잔인한 조롱과 농담이 있었다. 돈 카를로스의 얼굴은 분노로 달아올랐다. 도나 카탈리나의 눈에는 눈물이 흘렀고 롤리타의 입술은 떨리고 있었지만 그들은 사람들이 하는 말을 무시했다.

한 남자가 진흙을 던졌고 그것이 돈 카를로스의 가슴에 튀었지만 돈 카를로스는 모른 척했다. 돈 카를로스는 한 팔로는 아내를 안고 다른 팔로는 딸을 안았다. 어떤 사람들은 이 장면을 보고 그 가족들에게 동정을 느꼈지만 아무 말도 하지 않았다. p.223 그리고 이들 중 일부는 서로를 흘끔거리며 쳐다보았다. 그들은 말을 하지는 않았지만 같은 것을 궁금해하고 있었다. 조로가 이 일에 대해 들을까? 그가 어떻게 할까?

마차가 감옥에 도착했을 때 폭도들은 계속 고함치며 진흙을 던졌지만 돈 카를로스 가족은 여전히 당당하게 행동했다.

문이 활짝 열렸다. 폭도들로부터 마지막 야유가 터져 나왔고 그런 다음 죄수들이 안으로 들어가자 문이 닫히고 다시 자물쇠가 잠겼다.

그들은 심지어 깨끗한 개인 방을 얻지도 못했다. 돈 카를로스와 그의 아내와 딸은 다른 범죄자들과 같은 방에 넣어졌다.

그들은 방의 한 구석에 있는 벤치에 앉아서 되도록 다른 사람들과 멀리 떨어져 있었다.

p.224 "지금 돈 디에고 베가가 내 사위라면 좋을 텐데." 돈 카를로스가 속삭였다.

"어쩌면 아버지의 친구가 올지도 몰라요." 롤리타가 속삭였다. 롤리타는 조로가 그들을 구해 주러 올 거라고 상상했다.

돈 디에고, 총독을 방문하다

p.225 한 시간 후 돈 디에고는 꽃과 레이스, 보석으로 치장한 좋은 옷을 입고 총독의 사무실로 갔다. 돈 디에고는 총독에게 인사를 하고 고개를 숙인 다음 의자에 앉았다.

"돈 디에고 베가, 오늘 이렇게 나를 찾아와 주어서 기쁘네." 총독이 말했다.

p.226 "더 일찍 왔어야 했는데 총독께서 도착하셨을 당시 제가 집을 비우고 있었습니다." 돈 디에고가 말했다. "레이나 드 로스앤젤레스에 오래 계실 건가요?"

"조로가 죽거나 잡힐 때까지 있을 거라네." 총독이 말했다.

"모두가 이 사람에 대해 말하는 것을 그만두기는 할까요? 시와 음악을 좋아하는 남자는 요즘 안식을 얻을 수가 없습니다."

"자네가 괴로웠다니 매우 유감이네." 총독이 웃으며 말했다. "하지만 이자를 곧 잡기를 나는 바라네. 곤잘레스 상사가 조로를 잡는 것을 돕도록 내가 스무 명의 부하를 데려왔네."

"마땅히 그래야 하듯이 그 일이 빨리 끝나기를 바랍니다." 돈 디에고가 말했다. "하지만 풀리도 가족에 대해서는 몇 마디 말씀을 좀 드려야겠습니다. 제 명예가 관련되어 있지 않다고 확신할 수가 없거든요."

"오?"

"저희 아버님께서 제가 아내를 얻어야 한다고 명령하셨죠. p.227 며칠 전 저는 돈 카를로스 풀리도 씨의 딸과 결혼을 전제로 교제하려고 그분의 허락을 구했습니다."

"하! 알겠네. 하지만 자네는 그 아가씨와 약혼한 상태는 아닌 거지?"

"아직은 아닙니다."

"그럼 자네 명예는 관련 없는 일이라네. 좋은 가문의 아가씨들에 대해 생각해 보고 누가 마음에 드는지 내게 알려 주게. 그 아가씨가 자네 청혼을 받아들일 거라고 내가 보장하지. 그리고 그 아가씨가 결혼하기에 부끄럽지 않은 충성스러운 집안의 아가씨일 거라는 것도 내가 보장하지."

"죄송하지만 돈 카를로스와 그의 가족을 꼭 감옥에 넣으실 필요가 있으십니까?"

"그럴 필요를 찾았네."

"총독님께서는 그 일이 총독님의 인기에 도움이 될 거라고 생각하십니까? 그 일은 재력가 집안들 중 일부를 화나게 할 수도 있습니다. 그들이 총독님에 대해서 수군거릴지도 모릅니다."

p.228 "내가 무엇을 해 주기를 바라나?" 총독이 물었다.

"돈 카를로스와 숙녀분들을 체포하시되 그들을 감옥에 넣지는 마십시오. 그것은 불필요합니다. 그들은 도망가지 않을 거예요."

"자네는 대담하군. 이 상황이 자네를 언짢게 할지도 모른다는 것은 이해하지만 상황을 고려해 볼 때 그건 필요한 일이야."

"그들이 무슨 짓을 했는데요?" 돈 디에고가 물었다.

"이 가족이 조로를 보호해 오고 있었네."

"그거 놀랍군요!"

"며칠 전 밤에 조로가 풀리도의 저택에 있었지. 돈 카를로스가 그를 벽장에 숨기고 있었던 것이 분명해. 조로는 또한 자네가 집을 비운 동안 자네의 집에 있는 롤리타를 방문했네."

"믿을 수 없네요!" 돈 디에고가 소리쳤다.

"내가 그들을 감옥에 넣지 않으면 조로와 그의 부하들이 그들이 탈출하는 것을 도울 거야. p.229 충신으로서 자네도 국가의 적이 잡히는 것을 보기를 바라야 하네."

"그럼요. 국가의 모든 진정한 적들은 벌을 받아야 합니다."

"자네가 그렇게 말하는 것을 들으니 정말 기쁘군." 총독이 외쳤다.

좀 더 이야기가 오가고 마침내 돈 디에고는 떠났다.

"자네 말이 옳아, 대장." 총독이 라몬 대장에게 말했다. "저런 자는 반역자가 될 수 없어. 반역을 하는 것은 저자를 너무 피곤하게 할 거야."

돈 디에고는 천천히 언덕을 내려왔다. 광장 모퉁이에서 돈 디에고는 돈 알레한드로의 저택에서 하룻밤을 보낸 소수의 친구 무리 가운데 한 명을 만났다.

"혹시 우리 대장이 오늘 자네에게 전갈을 보내지 않았나?" 친구가 돈 디에고에게 속삭였다.

p.230 "물론 그런 일은 없었어!" 돈 디에고가 말했다. "그 사람이 왜 그러겠어?"

"풀리도 집안사람들에게 일어난 일은 끔찍하잖아! 우리가 무언가 해야 하네."

"이런! 그러지 않기를 바라네. 내 머리가 지끈거리네. 그리고 열이 날 것 같아 걱정이네."

여우의 증표

p.231 그날 밤 땅거미가 지고 나서 한 시간 후 원주민 한 명이 그 청년

들 중 한 명에게 어느 부유한 남자로부터 온 전갈이 있다고 말했다. 그 전갈은 그를 만나고 싶어 하는 여우가 근처에 있다는 것이었다.

p.232 여우! 조로 여우! 그 청년은 생각했다. 청년은 즉시 만나는 장소로 갔고 그곳에서 얼굴에 복면을 쓰고 망토로 몸을 감싼 조로가 그의 커다란 말 위에 앉아 있는 것을 발견했다.

"충성을 다한 남자들에게 자정에 언덕 너머에 있는 작은 골짜기에서 만나자고 전하시오. 내가 기다리고 있겠소."

그러더니 조로는 어둠 속으로 쏜살같이 사라졌고 청년은 도시로 돌아와 말을 전했다. 청년들 중 한 명이 돈 디에고의 집으로 갔지만 집사에게서 돈 디에고가 열이 난다고 투덜대더니 벌써 잠들었다는 말을 들었다.

한 번에 한 명씩 청년들은 마을을 몰래 빠져나갔다. 그들은 얼굴을 가리기 위해 각자 복면을 썼다.

선술집 안의 불빛을 제외하면 마을은 어둠에 쌓여 있었다. 페드로 곤잘레스 상사가 황혼 직전에 부하들과 돌아왔기 때문이었다.

p.233 그곳에 있는 군인들은 긴장을 풀고 있었고 그날 밤 조로를 만날 줄은 생각하지도 못하고 있었다. 뚱뚱한 여인숙 주인은 군인들이 음식과 음료를 주문하자 계속 분주했다. 기지에는 몇 개의 불만 켜져 있었고 총독의 사무실에도 몇 개의 불이 켜져 있었지만 그 외의 다른 사람들은 모두 잠들어 있었다.

감옥에는 사무실 안에서 타고 있는 촛불 하나를 제외하면 전혀 불빛이 없었는데, 그곳에는 졸고 있는 남자 한 명이 보초를 서고 있었다. 돈 카를로스 풀리도는 창 앞에 서서 별들을 올려다보고 있었고 그의 부인과 딸은 그의 옆에 있는 벤치에서 서로 껴안고 앉아 잠을 이루지 못하고 있었다.

청년들은 그들을 기다리고 있는 조로를 발견했다.

"모두 왔나?" 조로가 물었다.

"돈 디에고 베가만 빼고 다 있소." 한 사람이 대답했다. "돈 디에고는 열이 나서 아프답니다."

p.234 그러자 모두가 웃었다.

"우리는 돈 카를로스 풀리도와 그의 집안 숙녀들에게 일어난 일을 알고 있소. 우리는 그들이 어떠한 반역죄에 대해서도 무고하다는 것을 알고 있소."

"그들을 구합시다!" 한 남자가 말했고 다른 이들이 동의했다.

"우리는 조용히 마을에 들어가야 하오." 조로가 말했다. "달이 안 떴으니 우리가 조심하면 눈에 띄지 않을 것이오. 우리는 남쪽에서부터 감옥으로 다가갈 것이오. 각자 해야 할 임무를 갖게 될 것이오.

몇 명은 건물을 둘러싸고 누구라도 건물에 다가오면 알려 주시오. 다른 사람들은 군인들과 싸울 준비를 해야 하오. 또 다른 이들은 감옥으로 들어가 나와 함께 죄수들을 구할 것이오."

"아주 훌륭한 계획이오." 한 사람이 말했다. 그리고 조로는 계속해서 계획을 설명했다.

"모두가 이곳 바로 아래에 있는 큰길로 말을 타고 달릴 것이오." 조로가 마지막으로 말했다. "그 지점에서 우리는 흩어질 것이오. p.235 도나 카탈리나를 데리고 있는 사람들은 그 부인을 돈 알레한드로 베가의 저택으로 데려가시오. 필요하다면 그 부인은 그곳에 숨어 있을 수 있을 것이오.

돈 카를로스를 맡은 사람들은 그를 팔라로 가는 길로 데려가시오. 이 마을에서 10마일 떨어진 곳에서 두 명의 원주민과 만나게 될 텐데, 그들이 여우의 증표를 줄 것이오. 원주민들이 돈 카를로스를 데리고 가서 그를 보살펴 줄 것이오.

이 일이 끝나면 각자 집으로 조용히 말을 타고 혼자서 가시오. 나는 아가씨를 펠리페 수도사에게 데려다 줄 것이오. 이제 모두 준비 되었소?"

청년들이 모두 그렇다고 대답해서 조로는 그들 각자에게 임무를 주었다. 그러고 나서 그들은 조용히 잠자고 있는 마을을 향해 떠났다.

구출

p.236 조로는 검으로 문을 탕탕 두드렸다. 졸린 얼굴의 보초가 문을 열었다.

"무슨 일이시오?" 보초가 물었다.

조로가 보초의 얼굴에 권총의 총구를 쑤셔 박았다.

"문 열어라. 그리고 입 다물어!" 조로가 명령했다.

p.237 "문을 열어 주겠소. 쏘지 마시오, 조로! 나는 그저 가난한 보초일 뿐 전투병이 아니오."

조로와 네 명의 일행은 안으로 달려와 문을 쾅 닫고 다시 잠갔다. 조로는 총을 그 남자의 머리에 대고 눌렀다.

"간수장은 어디에서 자고 있지?" 조로가 다그쳤다.

"저쪽에 있는 방이오."

"그리고 돈 카를로스와 숙녀분들은 어디에 있지?"

"일반 감방이오." 조로가 다른 이들에게 손짓을 했고 방을 가로질러 가서 간수장의 방의 방문을 열었다. 그 남자는 이미 일어나 침대에 앉아 있었다.

"움직이지 마라." 조로가 경고했다. p.238 "감방 열쇠는 어디에 있지?"

"탁자 위에 있다."

조로는 열쇠를 집어 들고 나서 다시 간수장을 보려고 몸을 돌렸다.

"누워라!" 조로가 명령했다. 조로는 담요를 가늘고 길게 찢어 간수장의 손과 발을 묶었다.

그런 다음 조로는 서둘러 중앙 사무실로 돌아갔다. 그는 다른 사람들을 자신 쪽으로 불러 함께 돈 카를로스와 그의 가족을 찾으러 갔다. 그들은 열쇠로 감방 자물쇠를 풀고 문을 열었다.

"저들이 당신에게 무슨 짓을 한 겁니까?" 조로가 외쳤다. 롤리타가 놀라서 올려다보았고 기쁨의 울음을 터뜨렸다.

"조로!" 돈 카를로스가 깜짝 놀라 간신히 말을 꺼냈다.

"당신을 구해 주려고 몇 명의 친구들과 왔습니다."

"나는 도망치지 않을 거야."

"논쟁할 시간은 없습니다." 조로가 말했다. "이 일에 저 혼자만 있는 게 아니라 스물여섯 명의 남자들이 함께하고 있습니다."

p.239 그 남자들 중 두 명이 돈 카를로스를 덮쳐 그를 끌고 반쯤 복도로 나와 복도를 따라 사무실 쪽으로 나갔다. 다른 두 명은 도나 카탈리나의 팔을 잡고 최대한 부드럽게 그녀를 데리고 갔다.

"나를 믿어야 해요." 조로가 롤리타에게 말했다.

"사랑은 믿음이에요."

조로는 롤리타에게 한 팔을 두르고 그녀를 감방에서 나오도록 안내하고 감방 문은 열어 두었다. 다른 죄수들 몇 명이 그날 밤 탈옥했다.

돈 카를로스는 구출되는 것을 거부하겠다고 고함을 치고 있었다. 그들이 사무실에 이르자 조로가 보초에게 구석으로 가라고 명령했다. 그러고 나서 그들 중 한 명이 밖의 문을 열어 젖혔다. 두 명의 군인들이 밖에 있었다. 그들은 복면을 한 얼굴을 보자 무언가 잘못되었다는 것을 알았다.

p.240 군인 한 명이 권총을 발사했지만 빗나갔다. 하지만 발포는 선술집에 있는 사람들과 기지에 있는 보초들의 주의를 끌기에 충분했다. 보초들은 말에 올라타고 감옥으로 달려 내려왔다. 페드로 곤잘레스 상사와 다른 이들도 황급히 선술집에서 나왔다.

간수장은 가까스로 묶인 것을 풀고 사무실 창문으로 비명을 질렀다. 곤잘레스 상사가 그의 비명을 알아들었고 그는 부하들에게 자신을 따라오라고 소리를 질렀다.

하지만 청년들은 세 명의 구출된 죄수들을 말에 태웠고 광장을 가로질러 큰길 쪽으로 쏜살같이 달렸다. 총알이 그들 주위로 날아왔지만 아무도 맞지 않았다.

조로는 롤리타와 함께 그의 앞에 있는 말안장에 거칠게 올라탔다. 조로는 그의 훌륭한 말을 다른 이들 전부보다 앞서 몰았고 그렇게 큰길로 길을 안내했다. p.241 그리고 큰길에 도착했을 때 조로는 말을 멈추고 다른 이들이 그곳으로 말을 달려오는 것을 지켜보았다.

그렇게 그들은 세 무리로 쪼개졌다. 한 무리는 돈 카를로스를 데리고 팔라 로드를 따라 달렸다. 다른 무리는 돈 알레한드로의 저택으로 가는 큰길을 택했다. 조로는 펠리페 수도사의 집 쪽으로 질주했다.

"저는 당신이 저를 위해 와 주실 줄 알았어요." 롤리타가 말했다.

조로는 롤리타를 더 꼭 껴안았다. 조로는 첫 번째 언덕 정상에 다다르자 말을 멈췄다.

이제 마을에는 불이 많이 켜져 있었다. 모든 군인들이 마을을 떠나 조로와 그의 추종자들을 추격하도록 내보내졌다. 질주하는 말발굽 소리가 조로의 귀에 들려왔다. 군인들은 구출자들이 어느 방향으로 갔는지 알았다. p.242 조로는 롤리타에게 다시 몸을 꼭 붙이고 밤 속으로 맹렬히 말을 달렸다.

접전

p.243 달은 밝았고 총독의 부하들은 훌륭하고 빠른 말을 타고 달렸다. 조로는 얻을 수 있는 시간이란 시간은 전부 필요했으므로 최대로 빨리 달리도록 말을 몰아쳤다. 조로는 또 한 개의 언덕에 이르렀고 군인들 몇 명이 자신을 추격하고 있는 것을 볼 수 있었다.

p.244 혼자였다면 조로는 긴장하지 않았을 것이다. 조로는 더 어려운 상황에 있다가 탈출했던 적이 여러 번 있었기 때문이었다. 하지만 롤리타와 함께 있는 것이 조로를 긴장하게 했다.

조로는 오래도록 달렸고 롤리타는 한마디도 하지 않고 조로에게 달라붙어 있었다. 한 번은 조로가 레이나 드 로스앤젤레스와 그곳의 시장으로 내몰리는 양떼들을 뚫고 달려서 양떼들을 길 양쪽으로 흩어 놓았다. 조로는 저 앞에 멀리 달빛 속에 빛나는 산 가브리엘의 교회 건물이 보일 때까지 계속 달렸다. 조로는 갈림길에 이르러 펠리페 수도사의 집 쪽으로 가는 오른쪽 길을 택했다.

이제 말은 더 부드러운 땅 위를 달리고 있었고 그렇게 뛰어난 속력을 내고 있지 않았다. p.245 조로는 군인들이 그를 쫓아올 것임을 알았다.

"나는 시간이 많지 않아요." 조로가 말했다. "나를 믿으라는 부탁을 하고 싶을 뿐이에요."

"제가 그런다는 것은 아시잖아요."

"그리고 내가 당신을 데리고 가서 만날 사람도 믿어야 해요. 그분은 수도사님이에요."

"그럼 다 잘될 거예요." 롤리타가 대답했다.

"우리를 위해 앞으로 더 행복한 날들이 올 것을 믿어요."

"하늘이 도와주시기를." 아가씨는 속삭였다.

조로는 이제 펠리페 수도사 집의 진입로로 말을 돌려 집 쪽으로 질주했다. 조로는 군인들이 자신이 그저 펠리페 수도사의 땅을 가로지르는 지름길을 택해 다른 길로 간다고 생각하고 조로가 그 집에는 들르지 않았다고 생각하기를 원했다.

p.246 문 앞에 도착했을 때 조로는 주먹으로 문을 두드렸다. 조로는 뒤에서 군인들의 말이 쿵쾅거리며 쫓아오는 소리를 들었다.

조로에게는 펠리페 수도사가 문을 활짝 열 때까지 마치 한 세월이 흐른 것만 같았다. 조로는 재빨리 안으로 들어가서 문을 닫았다. 펠리페 수도사는 깜짝 놀랐다.

"조로입니다. 제게 신세를 지셨죠."

"그렇소." 펠리페 수도사가 대답했다.

"이분은 롤리타 아가씨로 돈 카를로스 풀리도 씨의 외동딸이지요. 몇몇 친구들의 도움을 받아 그녀와 그녀의 가족들을 오늘 감옥에서 구출했습니다. 군인들이 우리를 쫓고 있어요. 군인들이 아가씨를 잡으면 다시 아가씨를 수감할 겁니다. 제게 신세를 지셨으니 아가씨를 보살펴 주시고 지켜 주세요."

"그럼 당신은?"

"저는 계속 달려야 합니다. 그들은 여기 들르는 대신 저를 추격할 겁니다. 그럼 그렇게 해 주시는 겁니까?"

p.247 "알았소." 펠리페 수도사가 대답했다.

"촛불을 끄세요."

그들은 어둠 속에 있었다. 롤리타는 조로가 자신에게 입 맞추는 것을 느꼈다.

"걱정하지 마시오, 롤리타. 조로는 고양이처럼 목숨이 여러 개인 것 같소!" 수도사가 웃었다.

조로는 웃고 나서 문을 열고 쏜살같이 나가 살살 문을 닫고 사라졌다. 커다란 유칼립투스 나무들이 집 앞을 가려 그늘을 드리웠고 그 그늘 한가운데 조로의 말이 있었다. 조로는 그들을 찾게 될 거라고 생각했던 것보다 군인들이 훨씬 가까이에 있는 것을 눈치챘다.

조로는 언덕 쪽으로 빠르게 달리다가 돌에 걸려 넘어졌고 그 동물은 놀라서 달빛이 환하게 비치는 곳으로 달려 나갔다. p.248 군인 중 한 명이 말을 보았을 때 소리치며 말 쪽으로 쏜살같이 달려왔다. 조로는 일어나서 말에 뛰어올랐다.

하지만 이제 그들은 검을 들고 싸울 태세를 갖추고서 조로를 에워싸고 있었다.

"가능하면 그자를 생포하라!" 곤잘레스 상사가 소리쳤다.

조로는 말에서 떨어졌다. 조로는 나무에 등을 기대고 뒤로 물러났다. 조로는 이제 검을 들고 싸울 준비를 했다. 조로에게 달려들기 위해 세 명이 말안장에서 뛰어내렸다. 조로는 이 나무에서 저 나무로 쏜살같이 달렸지만 말이 있는 곳까지 갈 수 없었다. 대신 조로는 다른 군인의 말에 올라탔다. 조로는 군인들에게서 빠르게 달아났다.

"저자를 쫓아라!" 곤잘레스 상사가 외치는 소리가 들렸다.

군인들은 조로를 쫓아 돌진했다. 큰 헛간에 의해 드리워진 그늘에 들어갔을 때 조로는 말안장에서 미끄러져 내려왔다. 조로는 검으로 말에 상처를 냈다. p.249 말은 콧김을 내뿜으며 빨리 달아났다. 군인들은 말을 쫓아 달려갔다.

조로는 군인들이 자신을 지나쳐 가기를 기다렸다가 언덕으로 다시 재빨리 뛰어 올라갔다. 하지만 그는 군인 몇 명이 수도사의 집을 지키기 위해 뒤에 남아 있는 것을 보았으므로 그의 말이 있는 곳에 도달할 수 없었다. 조로는 말이 귀를 기울이도록 훈련받았던 이상한 울음소리를 냈다. 조로의 말이 머리를 들더니 그를 향해 질주했다.

조로는 말에 뛰어올랐다. 하지만 그는 군인 한 무리와 맞닥뜨렸다. 그들이 조로가 사용했던 속임수를 알아냈던 것이다. 그들은 양쪽에서 조로를 향해 돌진했고 그의 뒤에서 만나 따라오며 그를 추격했다. 조로는 군인들을 모두 펠리페 수도사의 집으로부터 멀리 몰아내고 싶었지만 확신을 할 수가 없었다.

p.250 경작지를 건너는 이 길이 말의 힘을 소모시킬 것을 알았으므로 조로는 말을 혹독하게 몰았다. 마침내 조로는 큰길에 이르렀다. 이제 조로는 말머리를 레이나 드 로스앤젤레스 쪽으로 돌렸다. 그는 그곳에서 할 일이 있었기 때문이었다. 말은 한 사람만을 태우고 있기에 이제 더 빨리 달릴 수 있었다.

조로는 하늘을 흘긋 보았고 달이 안개구름 뒤로 사라지려고 하는 것을 보았다. 조로는 짧은 어둠의 순간을 이용해야 했다.

조로는 작은 골짜기로 말을 타고 내려갔다. 그때 어둠이 내렸고 적당한 때가 되었다. 조로한테는 근처에 사는 친구가 있었다. 큰길 옆에는 흙벽돌로 지은 오두막이 있었는데, 그곳에는 조로가 매질에서 구해 준 원주민 한 명이 살았다. 이제 조로는 오두막 앞에서 말에서 내려 문을 발로 찼다. 겁먹은 원주민이 문을 열었다.

"나는 쫓기고 있소." 조로가 말했다.

p.251 원주민은 즉시 오두막 문을 활짝 열었다. 조로는 말을 들여놓고 다시 급히 문을 닫았다. 문 뒤에서 조로와 원주민은 귀를 기울이며 서 있었는데, 조로는 한 손에 권총을 들고 다른 한 손에는 검을 들고 있었다.

도망과 추격

p.252 곤잘레스 상사는 수도사의 집 밖에 있었다. 상사가 그 집 앞에서 말에서 내렸을 때 그 집은 여전히 감시를 받고 있었고 상사의 부하들은

아무도 집을 나서려고 시도하지 않았다고 보고했다. 곤잘레스 상사는 부하 두 명을 그의 옆으로 불렀고 문을 두드렸다. 거의 동시에 펠리페 수도사에 의해 문이 열렸다.

p.253 "자고 있었소?" 곤잘레스 상사가 물었다.

"지금은 한밤중이 아니오?" 펠리페 수도사가 물었다.

"우리가 당신을 깨우기에 충분한 소란을 피우지 않았소?"

"싸우는 소리는 들었소."

"당신이 조로를 돕고 있다는 것을 인정하오?"

"그런 일은 아무것도 인정하지 않소." 펠리페 수도사가 대답했다. "몇 달 전 조로가 말을 타고 지나갈 때 본 것이 그를 처음 본 것이오."

"조로가 당신 집에 들렀을 때 무엇을 원했소?"

"당신이 너무 바짝 쫓아와서 많이 부탁할 시간은 없었소." 펠리페 수도사가 말했다.

"당신이 그와 이야기를 나눴소?"

"그가 문을 두드려서 열어 주었소."

p.254 "그가 뭐라고 했소?"

"군인들이 자기를 추격하고 있다고 했소."

"그리고 우리 손에 잡히는 것을 피할 수 있도록 조로가 자기를 숨겨 달라고 부탁했던 것이오?"

"그는 안 그랬소."

"하! 그러면 당신과 무슨 볼일이 있었다는 거지?"

"내가 언제 조로가 나와 볼일이 있다고 했소?"

"하! 당신 또 매질을 당하고 싶은 것이오? 그자가 뭐라고 했소?"

"당신에게 다시 말해 줄 만한 것은 아무것도 없었소." 펠리페 수도사가 말했다.

곤잘레스 상사는 수도사를 거칠게 옆으로 밀치고 거실로 들어갔고 두 명의 군인들이 그를 따랐다.

"내 누추한 집을 수색하는 거요?" 펠리페 수도사가 외쳤다. "조로가 무언가 남겨놨다고 생각하는 거요?"

"하! 내 생각에는 옷 꾸러미 같군. 약탈품 한 보따리도! 포도주 한 병도 말이야! 조로가 당신 집에 오기 전에 무언가를 나르고 있는 것을 보았어. 그런데 조로는 떠난 후에는 그것을 가지고 다니지 않더군. p.255 집을 수

색해라, 병사들. 명심해라, 잘 뒤져야 한다. 나는 이 방에 있으면서 이 재미있는 수도사를 말동무로 삼을 것이다."

"겁쟁이! 짐승 같은 놈!" 펠리페 수도사가 호령했다. "언젠가 부정직한 사람들은 몰락할 것이다! 정직한 자들이 다시 힘을 찾을 것이다!"

"헛소리!"

"언젠가는 엘 카미노 레알 땅을 오르내리며 잘못하는 자들을 응징할 천 명의 조로가 생겨날 것이오. 그리고 필요하다면 더 많이 생겨나겠지."

"당신이 총독의 군인들을 더 많이 도와준다면 어쩌면 우리가 당신을 더 잘 대해 줄지도 모르는데 말이오."

"나는 악한 자들을 돕지 않소." 펠리페 수도사가 말했다.

"화내지 마시오! 수도사들이 화를 내면 안 되지."

p.256 "당신은 수도사의 원칙과 의무에 대해 당신이 타는 말만큼이나 잘 아는 것 같소."

"나는 현명한 말을 타지. 아주 훌륭한 짐승이야. 내가 부르면 오고 내가 명령하면 달리거든."

"멍청이!"

풀리도 가문의 피

p.257 군인들은 집을 수색했지만 아무것도 발견하지 못했다.

"하! 잘 숨겨 놓은 것이 분명하군!" 곤잘레스 상사가 말했다. "방의 저쪽 구석에는 뭐가 있소?"

"짐승 가죽 꾸러미요." 펠리페 수도사가 대답했다.

p.258 "저것들을 왜 옮겨 놓았소?" 곤잘레스 상사가 물었다. "저 꾸러미가 있는 구석이 움직이는 것을 세 번이나 보았소, 병사들, 저기를 뒤져봐."

펠리페 수도사가 벌떡 일어났다.

"말도 안 되는 소리 작작하시오." 수도사가 외쳤다. "당신들은 수색했지만 아무것도 발견하지 못했소. 헛간은 다음에 찾아보고 이제 가시오!"

"저 가죽 꾸러미 뒤에 살아 있는 것이 아무것도 없다고 하느님께 맹세할 수 있소?"

펠리페 수도사는 주저했고, 곤잘레스 상사는 씩 웃었다.

"병사들, 꾸러미를 뒤져라."

두 명의 병사가 방구석 쪽으로 다가가기 시작했다. 갑자기 롤리타 풀리도가 꾸러미 뒤에서 일어나 그들과 맞섰다.

"하! 아가씨가 저기 있군! 우리는 그녀를 다시 감옥으로 데려가겠소."

하지만 그 아가씨의 혈관에는 풀리도의 피가 흐르고 있었다.

"잠깐만요." 롤리타가 말했다.

p.259 그녀의 등 뒤에서 손 하나가 나왔고 그 손에는 길고 날카로운 칼이 들려 있었다. 롤리타는 칼끝을 자신의 가슴에 대었다.

"감옥으로 돌아가느니 차라리 죽어 버리겠어요. 당신은 시체가 된 죄수를 원하나요?"

곤잘레스 상사는 롤리타를 잡으려고 하면 그 아가씨가 위협한 대로 행동할 것임을 의심하지 않았다. 죽은 귀족 아가씨는 총독에게 이로울 것이 없었다. 그런 일은 사람들을 분노하게 만들 것이었다.

"롤리타 아가씨, 자살하는 사람은 지옥에 갈 수도 있소." 곤잘레스 상사가 말했다.

"그런 일에 대해 나한테 말해 줄 필요는 없어요. 내 쪽으로 오면 죽어 버릴 거예요."

"여기 일이 꽤 난감하군." 곤잘레스 상사가 소리쳤다. "아가씨한테 자유를 주는 수밖에 우리가 할 일이 아무것도 없겠소."

p.260 "아, 안 되죠!" 롤리타가 재빨리 외쳤다. "당신은 영리하지만 한참 멀었어요. 당신은 나가서 부하들을 시켜 계속 이 집을 포위하라고 하겠지요. 기회를 보다가 나를 잡겠다는 거잖아요?"

곤잘레스 상사의 목구멍에서는 낮게 끄응 하는 신음 소리가 났다.

"내가 집을 나가는 유일한 사람일 거예요." 롤리타가 말했다. "뒤로 물러서서 벽에 기대고 서요. 즉시 하지 않으면 내 가슴을 찌를 거예요."

그들은 시키는 대로 하는 수 밖에 없었다. 군인들은 지시를 받으려고 상사 쪽을 보았고 곤잘레스 상사는 그 아가씨의 죽음을 담보로 하는 것이 겁났다.

어쩌면 결국에는 그 아가씨가 집을 나가게 하는 것이 나을지도 몰랐다. 그녀는 나중에 붙잡을 수 있을 것이다. 그녀가 군인들에게서 도망갈 수 없는 것은 분명하기 때문이었다.

방을 가로질러 문 쪽으로 빠르게 갈 때 롤리타는 군인들을 자세히 지켜보았다. p.261 칼은 여전히 가슴에 대고 있었다.

롤리타는 곤잘레스 상사와 군인들을 한 번 더 바라보았다.

"나는 이 문을 나갈 거예요." 그녀가 말했다. "당신들은 이 방에 그대로 있어요. 밖에는 물론 기병들이 있을 것이고 그들은 나를 막으려고 하겠지요. 나는 그들에게 떠나도 된다는 허락을 받았다고 말할 거예요."

롤리타가 문을 열고 잠깐 고개를 돌려 밖을 보았다.

"당신 말은 훌륭한 말이라고 생각해요. 내가 그 말을 사용할 작정이니까요." 롤리타가 곤잘레스 상사에게 말했다.

롤리타는 갑자기 쏜살같이 문으로 나가 문을 쾅 닫았다.

"저 여자를 쫓아라!" 곤잘레스 상사가 소리쳤다. "내가 그 여자의 눈을 들여다보았어! 그 여자는 칼을 사용하지 않을 거야! 그 여자는 칼을 무서워해!"

p.262 하지만 펠리페 수도사는 그리 오래 수동적으로 있지만은 않았다. 그는 한 발을 밖으로 뻗어 곤잘레스 상사의 발을 걸었다. 두 명의 군인이 수도사에게 달려들었지만 모두 바닥에 쓰러졌다.

펠리페 수도사는 롤리타에게 시간을 조금 벌어 주었고 그 시간은 충분했다. 롤리타는 말에 뛰어올랐다. 롤리타는 말의 목 위로 몸을 굽히고 달렸다.

다시 맞붙은 검날

p.263 조로는 원주민의 헛간에서 마치 조각상처럼 서 있었다. 큰길 아래쪽에서 말발굽 소리가 땅을 쿵쿵 울리는 소리가 들려왔다. 조로는 그 소리가 작은 오두막을 지나쳐 가는 것을 들었다. 조로는 문을 열고 잠시 귀를 기울이며 밖을 내다보다가 말을 밖으로 끌고 나왔다. p.264 조로는 원주민에게 동전을 하나 주려고 했다.

"당신한테는 받지 않을래요." 원주민이 말했다.

"받게." 조로가 말했다. "자네는 그것이 필요하고 나는 필요하지 않으니까."

조로는 말에 올라타고 레이나 드 로스앤젤레스를 향해 달렸다. 조로가 마을 위쪽의 언덕 꼭대기에 도착한 것은 두 시간 뒤였다. 조로는 마을에 군인들이 없는 것을 보았다. 조로는 마을을 돌아다니며 뒤쪽에서 군 기지에 다가가기로 결심했다. 조로는 이제 말에서 내려 천천히 말을 앞으로 끌고 갔다.

조로는 기지 뒤쪽에서 말을 멈춰 세우고 그늘진 곳에 숨어 조심스럽게 앞으로 갔다. 사무실 창문에 이르렀을 때 조로는 안을 몰래 엿보았다. 라몬 대장이 혼자 그곳에 있었다. 조로는 건물 구석으로 살금살금 갔고 그곳에 보초가 없는 것을 발견했다.

조로는 살짝 문을 통과했고 큰 화장실을 지나 사무실 문에 다다랐다. p.265 조로의 권총은 손에 쥐여져 있었다. 라몬 대장은 뒤에서 문이 열리는 소리를 들었을 때 의자에 앉아 뒤로 몸을 돌렸다.

"손을 뒤로 해. 내가 당신 손목을 묶을 거니까."

라몬 대장이 순순히 따랐다. 조로는 날쌔게 앞으로 걸어가서 라몬 대장의 손목을 그의 어깨띠로 묶었다.

"우리는 총독을 방문할 거야. 나와 같이 가지."

조로는 라몬 대장의 팔을 잡고 말이 기다리고 있는 곳으로 서둘러 그를 데리고 갔다.

"올라타!" 조로가 명령했다. "나는 이 권총의 총구를 당신 머리 밑에 겨누고 당신 뒤에 앉을 거야.

라몬 대장은 순순히 따랐다. 조로는 말을 총독이 손님으로 있는 집의 뒤쪽으로 이끌었다. p.266 조로는 대장을 강제로 말에서 내리게 했고 집의 뒤쪽 벽으로 데리고 갔다.

조로는 라몬 대장을 데리고 자고 있는 원주민을 깨우지 않으면서 하인의 방을 통해 복도를 통과해 집으로 들어갔다. 방 하나의 문 아래쪽에서 빛이 새어나왔다. 조로는 그 문 앞에 멈춰 서서 문과 벽 사이의 틈으로 안을 몰래 들여다보았다. 갑자기 조로는 문을 활짝 열어젖히고 라몬 대장을 먼저 밀어 넣고 그를 따라 들어간 다음 재빨리 문을 쾅 닫았다. 방 안에는 총독과 집 주인이 있었다.

"쉿! 움직이지 마시오." 조로가 말했다.

"조로!" 총독이 간신히 말을 뱉었다.

"라몬 대장, 순순히 탁자의 총독 맞은편 자리에 앉으시오."

"라몬 대장, 저자를 잡으시오! 당신은 지휘관이요."

p.267 "지휘관을 책망하지 마시오. 총에 맞고 싶은 사람은 아무도 없소. 당신은 오늘 훌륭한 가문을 욕보였소, 총독." 조로가 말을 계속 이어갔다.

"그들은 반역자들이오." 총독이 말했다. "라몬 대장한테 증거가 있소."

"하! 당신의 증거에 대해 물어 봐도 되겠소?"

"돈 카를로스가 집 벽장에 당신을 숨겨 준 것은 사실이오."

"사실을 말하시오!" 조로가 라몬 대장에게 다가가 총을 들어 올리며 명령했다. "내가 그 벽장에서 나와서 당신에게 말했소. 나는 당신에게 나와 싸울 준비를 할 시간을 조금 주었지. 우리는 10분 동안 싸웠소, 안 그렇소? 그러고 나서 내가 당신을 손쉽게 죽일 수 있었을 때 나는 그저 당신 어깨에 상처만 냈소. 그게 사실이 아닌가?"

"사실이오." 라몬 대장이 인정했다.

p.268 "하! 증거가 더 있소?"

"있지." 총독이 말했다. "라몬 대장이 당신이 돈 디에고의 집에서 풀리도 집안의 아가씨와 단둘이 있는 것을 발견했소. 그리고 대장이 그곳에서 당신을 발견했을 때 그 아가씨는 당신이 빠져나갈 시간을 벌어 주려고 라몬 대장에게 달려들었지."

"실은 라몬 대장이 그 아가씨에게 반했소. 대장은 그 집에 갔다가 아가씨가 혼자 있는 것을 알고 억지로 자기에게 입을 맞추게 했소. 아가씨는 도움을 청했소. 나는 응한 것이었고."

"당신은 왜 거기에 있었지?" 총독이 말했다. "당신도 그 아가씨에게 반한 것 같군."

"그 점은 당당히 인정하겠소."

"그래서 그 아가씨의 부모가 당신을 돕고 있는 것이 분명하군!"

"그 아가씨의 부모는 우리의 사랑에 대해 모르고 있소. 그것이 사실이오, 안 그렇소?"

"사실입니다." 라몬 대장이 침을 꿀꺽 삼키고 말했다.

"그럼 거짓말을 했으니 자네는 더 이상 지휘관이 될 수 없어!" 총독이 소리쳤다. "하지만 나는 돈 카를로스 풀리도가 반역자라는 것을 여전히 믿고 있네."

p.269 "나는 세 명의 죄수를 오늘 밤에 구출했고 그들은 탈출했소. 총독, 의자를 저쪽 구석으로 가지고 가서 앉으시오. 그리고 집 주인은 당신 옆에 앉을 것이오. 그리고 내가 일을 마칠 때까지 그곳에 그대로 있으시오."

조로는 두 개의 의자가 놓이고 총독과 집 주인이 의자에 앉는 동안 지켜보았다. 그리고 조로는 라몬 대장에게 다가갔다.

"당신은 순수하고 결백한 아가씨를 모욕했소, 대장." 조로가 말했다 "그 때문에 당신은 결투를 하게 될 것이오. 당신의 어깨 상처는 이제 나았소. 일어나 준비하시오."

라몬 대장은 분노로 얼굴이 하얘졌다. 라몬 대장은 의자에서 벌떡 일어나 총독 옆으로 뒷걸음쳤다.

"제 손목을 풀어주십시오!" 라몬 대장이 외쳤다. "제가 이 개자식을 해치우겠습니다."

p.270 라몬 대장의 손목의 구속이 풀렸다. 라몬 대장은 검을 휘두르고 외마디 소리와 함께 앞으로 튀어나와 맹렬히 공격을 퍼부었다. 조로는 신중을 기하여 공격을 막았다. 조로는 라몬 대장에게 명예라는 것이 없다는 것을 알았기 때문에 예상치 못한 공격에 대비해야 했다.

"라몬, 자네가 조로를 죽이면 다시 대장으로 삼겠네!" 총독이 외쳤다.

조로는 위험한 구석에서 빠져나와 싸워야 한다는 것을 알았다.

갑자기 조로는 권총을 탁자로 던지고 돌아섰다. 다른 사람들이 그 총을 잡으려면 조로의 칼과 맞서야 했다. 조로는 이제 전력을 다하고 있는 대장을 마주할 수 있었다.

"덤벼라, 숙녀들을 모욕한 자여!" 조로가 외쳤다.

라몬 대장은 욕을 하며 공격을 했지만 조로는 그의 공격을 받아내고 그를 뒤로 몰아서 자신의 위치를 지켰다. 라몬 대장은 땀을 흘리고 있었고 그의 눈은 튀어나왔다. p.271 검이 부딪히는 소리와 숨찬 호흡 소리만이 방에서 들리는 유일한 소리였다. 라몬 대장이 다시 뛰어들었다. 라몬 대장은 돌진하여 검을 찔렀지만 약간의 차이로 빗나갔다.

뱀의 혀처럼 조로의 검이 꽂혔다. 바로 라몬 대장의 양미간에 갑자기 붉게 피가 흐르며 알파벳 Z가 그려졌다.

"조로의 표식이오! 당신은 이제 영원히 그 표식을 갖게 되었소!"

조로는 한 번 더 찔렀다. 라몬 대장은 바닥에 쓰러져 죽었다.

"오늘 밤에 할 일은 끝났소." 조로가 말했다.

"그리고 네놈은 그 죄로 교수형에 처해질 것이다!" 총독이 외쳤다.

"당신이 나를 잡는다면 그럴 수도 있겠지!"

그러고 나서 조로는 그 집에서 빠져나와 말이 있는 곳으로 갔다.

모두가 적

p.272 조로는 말 위에서 페드로 곤잘레스 상사와 그의 부하들이 산 가브리엘에서 길을 내려오는 것을 보았다. 다른 두 개의 길에서는 돈 카를로스와 그의 부인을 쫓는 군인들이 왔다.

조로는 말에 박차를 가하고 광장을 가로질러 달렸다. 그가 그렇게 했을 때 총독과 그를 초대한 집 주인이 조로가 살인자라고 날카롭게 소리를 지르며 집에서 달려 나왔다. p.273 조로는 광장을 가로지른 다음 말을 최고 속력으로 몰아 곧장 큰길 쪽으로 달렸다. 곤잘레스 상사와 부하들은 조로를 막고 그를 돌아서게 하려고 맹렬히 달렸다.

조로는 애초의 경로에서 방향을 틀 수밖에 없었다. 조로는 옆구리에 찬 검을 뺄 준비를 하고 있었다. 조로는 길을 막고 있던 몇몇 사람들을 쓰러뜨리며 다시 광장을 가로질러 말을 달렸다. 양쪽에서 군인들이 그를 잡으려고 질주해 왔다.

곤잘레스 상사는 커다란 목소리로 지시 사항을 외치고 있었다. 조로는 큰길에 도착했고 길을 따라 남쪽으로 내려가기 시작했다. 조로는 그 길의 굽이진 길을 돌아 달려 나갔다. 갑자기 조로가 말을 멈추었다. 큰길을 따라 곧장 말 한마리와 기수가 날듯이 달려오고 있었고 그 뒤를 여섯 명의 군인들이 바짝 따라오고 있었다.

p.274 울타리와 언덕들, 그리고 다가오는 군인들 때문에 조로는 갈 곳이 아무 데도 없었다. 조로는 말을 타고 오는 곤잘레스 상사와 그의 부하들을 향해 돌아서야 했다. 조로는 이제 검을 움켜잡고 싸울 준비를 했다. 조로는 어깨 너머를 살펴보고 깜짝 놀라 숨을 멈추었다.

말을 달리고 있고 여섯 명의 군인들에게 쫓기고 있었던 사람이 바로 롤리타 풀리도였기 때문이었다. 조로는 롤리타가 그렇게 말을 잘 타는지 알지 못했다.

"조로!" 조로는 롤리타가 외치는 소리를 들었다.

그러고 나서 롤리타는 조로의 옆에 도착했고 그들은 함께 말을 달려 곤잘레스 상사와 부하들에게 달려 내려갔다.

"저들은 몇 시간 동안 나를 추격하고 있었어요." 롤리타가 숨을 헐떡이며 말했다. "제 말은 거의 죽은 거나 마찬가지에요."

길 아래쪽으로 조로와 롤리타는 나란히 곤잘레스 상사와 그의 부하들에게 날 듯이 달렸다. 조로는 적당한 순간에 말을 돌렸고 롤리타는 그를 따랐다. p.275 조로는 왼쪽에 있던 병사를 친 다음 검을 휘둘러 오른쪽에 있던 병사도 베었다. 조로의 말은 세 번째 병사의 말과 부딪쳤다. 롤리타를 추격하던 군인들은 그들이 서로 충돌하기 시작했기 때문에 소리를 질렀다. 병사들은 서로를 벨까 봐 검을 휘두를 수가 없었다.

그리고 그때 조로는 옆에서 달리고 있는 롤리타와 함께 다시 군인들을 뚫고 나갔다. 다시 한 번 조로는 광장 가장자리에 있게 되었다. 조로의 말은 무척 지쳤다. 그들이 갈 곳은 아무 데도 없었다.

"우리는 잡혔소!" 조로가 외쳤다. "하지만 이것으로 끝난 것은 아니오! 선술집으로 갑시다!"

그들은 광장을 건너 곧장 말을 달렸다. 선술집 문 앞에서 롤리타의 말이 비틀거리며 쓰러졌다. 조로는 아가씨를 팔에 안고 선술집 문으로 들어갔다.

p.276 "나가시오!" 조로는 여인숙 주인과 원주민 하인에게 외쳤다.

그리고 나서 조로는 모든 창문들을 걸어 잠갔다.

"이게 마지막이 될지도 몰라요." 조로가 말했다.

"저는 당신에게 제 마음을 드렸어요. 우리는 함께 살든지 아니면 함께 죽을 거예요."

궁지에 몰린 여우

p.277 군인들이 건물을 둘러싸고 있었다. 돈 알레한드로 베가는 그때 총독을 방문하러 광장으로 오고 있었다. 돈 알레한드로는 군인들에게 무슨 일이 일어나고 있는지 묻기 위해 멈춰 섰다.

"나는 다른 사람들이 우리를 도우러 오기를 바랐어요. p.278 하지만 혼자서 싸워야 할 것 같군요." 조로가 롤리타에게 말했다.

"제가 당신 옆에 있잖아요." 롤리타가 대답했다.

"당신은 항복하고 돈 디에고와 결혼하지 그래요? 당신은 정상적인 삶을 살 수 있어요. 당신은 당신을 행복하게 만들어 줄 모든 것을 갖게 될 거예요."

"사랑만 빼고 전부를 갖게 되겠죠. 저는 오래 전에 이미 결정했어요."

"총독님께서 당신에게 제안하신 것이 있다." 곤잘레스 상사가 건물 밖에서 외쳤다.

"듣고 있소. 크게 말하시오."

"총독님께서는 문을 열고 아가씨와 함께 나오라고 하신다."

"총독은 우리에게 무엇을 줄 것인가?" 조로가 물었다.

"당신들 둘 다 정당한 재판을 받을 것이다. 죽는 대신 수감될 것이다."

"이 나라의 재판은 공정하지 못해 왔다."

"우리는 문을 부수고 당신들을 잡을 수도 있다."

p.279 "당신 부하들 중 몇 명은 죽겠지."

얼마 동안 정적이 흐른 후 문에 공격이 시작되었다. 그들은 문을 쾅쾅 두드리고 부수어 넘어뜨리려고 했다. 조로는 방 한가운데에 서서 문에 총을 겨누고 발사했다. 밖에 있던 누군가가 고통의 비명을 질렀다.

"잘했어요!" 롤리타가 외쳤다. "내가 당신을 도울 수 있다면 좋을 텐데요!"

다시 문에 대한 공격이 시작되었다. 그들이 선술집 안으로 총을 쏘았으므로 조로와 롤리타는 방 한가운데로 날아오는 총알을 피해야 했다. 다시 묵직한 나무가 문을 쾅쾅 두드리기 시작했다. 그들은 총독이 큰 소리로 격려하는 것을 들었다. 다시 문을 부수는 소리가 들렸다.

"이제 끝난 거나 마찬가지네요." 롤리타가 속삭였다.

p.280 "압니다. 죽기 전에 마지막 입맞춤을 합시다." 조로가 한숨을 쉬며 얼굴에서 복면을 끌어내리기 시작했다.

하지만 갑자기 그때까지 들어보지 못했던 커다란 목소리들이 광장에서 들려왔고 문을 부수는 소리가 멈추었다.

복면을 벗은 남자

p.281 스물세 명의 말을 탄 남자들이 광장으로 질주해 들어왔다. 그들은 각각 은과 밝은 색의 깃발, 깃털이 호화롭게 달린 옷을 잘 차려입고 있었다. 그들은 함께 한 줄로 서서 선술집과 총독 사이에서 말을 마주 보게 했다.

"기다리시오! 더 좋은 방법이 있소!" 그들의 대장이 외쳤다.

p.282 "하!" 총독이 소리쳤다. "알겠소. 당신들 모두 조로에게 맞서 내게 충성심을 보여 주려고 왔나 보군."

"휴전을 맺읍시다!" 청년들의 대장이 외쳤다. "우리 가문들은 누가 통치할지, 그리고 어떤 법이 정당한지 상의합니다, 그렇지 않습니까?"

"그들은 굉장한 영향력이 있지." 총독이 말했다.

"총독께서는 우리와 적이 되어 혼자가 되어도 상관없으십니까?"

"물론 아니오!" 총독이 외쳤다.

"우리는 우리의 힘과 권력을 압니다. 그리고 어떤 결정을 내렸지요. 우리가 참을 수 없었던 일들이 벌어졌습니다. 당신들 정치인들이 교회와 귀족들 그리고 원주민들을 학대해 왔습니다. 우리는 함께 힘을 합쳤고 한데 연합된 가문들의 세력이 우리 뒤에 있습니다. 각오가 되었으면 군인들을 불러 우리를 공격하십시오!"

p.283 "내가 어떻게 하기를 원하나?" 총독이 깜짝 놀라 간신히 말을 꺼냈다.

"풀리도 집안사람들은 석방되어야 합니다. 그들이 재판을 받기를 원한다면 재판은 공정해야 합니다."

"자네들이 바라는 대로 해 주겠네. 이제 조로를 잡을 수 있도록 옆으로 비켜 주게."

"아직 끝나지 않았습니다." 그들의 대장이 말했다. "조로에 관해서 할 말이 있습니다. 우선 조로는 자기 자신을 지킬 수 없는 사람들을 도둑질한 자들 외에는 그 누구에게서도 도둑질을 하지 않았습니다. 그는 공정하지 못한 몇 명의 사람들에게 채찍질을 했습니다."

"내가 어떻게 하기를 원하나?"

"지금 여기서 조로라고 알려진 이 남자를 완전히 사면해 주십시오."

"절대 안 되네!" 총독이 외쳤다. "돈 알레한드로, 당신은 이 남쪽 지방에서 가장 영향력 있는 사람이오." 총독이 말했다. "이 청년들에게 그들이 원하는 바는 이루어질 수 없다고 말해 주시오."

p.284 "내가 그들 뒤를 봐 줍니다." 돈 알레한드로가 큰 소리로 말했다. "총독의 대답은 무엇입니까?" 돈 알레한드로가 다그쳤다.

"동의하는 수밖에 없겠군." 총독이 말했다. "하지만 한 가지 조건이 있소. 조로가 항복한다면 그자의 목숨을 살려 주겠소. 하지만 라몬 대장의 살인죄로 재판에 서야 하오."

"살인이라고요?" 귀족 청년들의 대장이 물었다 "그것은 신사들 사이의 결투였습니다."

"하! 하지만 라몬 대장은 귀족이었소!"

"그리고 조로도 그렇습니다. 조로가 우리에게 그렇게 말했고 우리는 그를 믿습니다."

"알겠네." 총독이 힘없이 말했다. "조로를 사면하고 나는 샌프란시스코 드 아시스의 집으로 돌아가겠네. 하지만 내가 이렇게 하면 돈 알레한드로는 이곳에서 나에 대한 반역이 일어나지 않도록 하겠다고 약속해 주어야 하네."

"약속합니다." 돈 알레한드로가 말했다.

p.285 "문을 열고 우리들 가운데로 나오시게, 자유인이여!" 청년들이 조로를 불렀다.

한순간 망설이다가 박살난 문이 열렸고 조로가 롤리타를 팔에 안고 걸어 나왔다. 조로는 문 바로 앞에서 멈추고 자신의 망토를 벗고 그들에게 고개를 숙였다.

"복면을 벗게!" 총독이 말했다. "자네가 누구인지 알고 싶네."

조로는 빙그레 웃으며 롤리타를 내려다보고는 손을 올려 복면을 찢었다.

모두가 숨을 멈추었다. 돈 알레한드로는 기뻐서 소리를 질렀다.

"돈 디에고, 내 아들!"

돈 디에고와 조로

p.286 "설명해 보시오!" 모두가 외쳤다.

"내가 열다섯 살 때 군인들이 얼마나 못된 짓을 하는지 봤어요. 나는 정의를 위해 일어서야겠다고 결심했지요. 그래서 내가 사람들이 절대 내 이름을 내가 되고 싶은 무법자와 연관시키지 않도록 삶에 별 관심이 없는 척 했어요. 나는 몰래 말 타는 법을 연습하고 검을 다루는 법을 배웠어요."

p.287 "어떻게 그런 짓을!" 곤잘레스 상사가 투덜거렸다.

"여러분 모두가 알다시피 저의 반쪽은 돈 디에고이고 나머지 반쪽은 조로입니다. 설명하기에는 이상한 일이죠. 제가 망토와 복면을 착용하는 순간 제 안에 있던 돈 디에고의 모습은 없어집니다. 제 몸이 죽 펴지고 새로운 피가 혈관을 타고 흐르는 듯하고 목소리에는 힘이 생기고 열정이 생겨납니다.

롤리타를 속인 것에 대해서는 그녀가 용서해 주기를 바랍니다. 저는 돈 디에고로서 그녀에게 결혼을 전제로 교제하자고 했고 롤리타는 돈 디에고는 전혀 원하지 않았죠. 그래서 저는 조로가 되어 청혼을 시도했고 롤리타는 조로에게 사랑을 주었습니다. 그녀가 제게 진정한 사랑을 보여 주었고 저는 그 점에 대해 무척 기쁘게 생각합니다. 총독님, 롤리타는 제 아내가 될 테니 앞으로 그녀의 가족을 괴롭히는 일은 더 이상 없을 거라고 믿겠습니다. p.288 그리고 이제 조로는 더 이상 말을 타고 다니지 않을 겁니다. 이제 그럴 필요가 없을 뿐더러 결혼한 남자는 자기 가족을 돌봐야 하기 때문입니다."

"그러면 나는 누구와 결혼하는 건가요?" 롤리타가 얼굴을 붉히며 물었다.

"누구를 사랑하오?"

"조로를 사랑한다고 생각했지만 이제 둘 다 사랑한다는 것을 깨달았어요." 롤리타가 말했다.

"함께 균형점을 찾아보도록 합시다. 사람들이 결혼이 나를 남자로 만들었다고 말하겠지요."

조로는 그들 모두의 앞에서 롤리타에게 입을 맞추었다.